The Cotswolds' fine gardens and tearooms

庭園と紅茶とマナーハウスを楽しむ

コッツウォルズ
イングリッシュガーデンとティールーム

小林写函

はじめに

1989年7月のある晴れた日曜日、チェルトナムの語学学校に通っていた僕は、町のバス乗り場から、行く当てもなくローカルバスに乗った。この町に滞在して数週間、まだ周辺の田舎を見たことがなかった。行き先はどこでもよく、空いたバスを選んで乗った。連れて行かれたのは、期待通りの小さな村だった。茅葺き屋根や石造りの民家、小さな教会、白壁のパブ。牧草地まで歩くと、馬に乗った女性がゆっくりとやって来た。おどろいてカメラを構えると、笑顔であいさつをしてくれた。

町の書店で地図やガイドブックを買い、ようやくここがコッツウォルズと呼ばれる地域だと知った。コッツウォルズでは、古い村の風景を保ちながら、人々が日常生活を送っている。現代の快適な生活様式とともに、伝統的な古いスタイルも残されており、旅行をしていても彼らの日常の一端を共有することになる。わざわざ探さなくても、質の高いティールームやおいしい料理、そしてすばらしい庭園はすぐそこにある。

地図と郷土史が好きだった僕は、コッツウォ

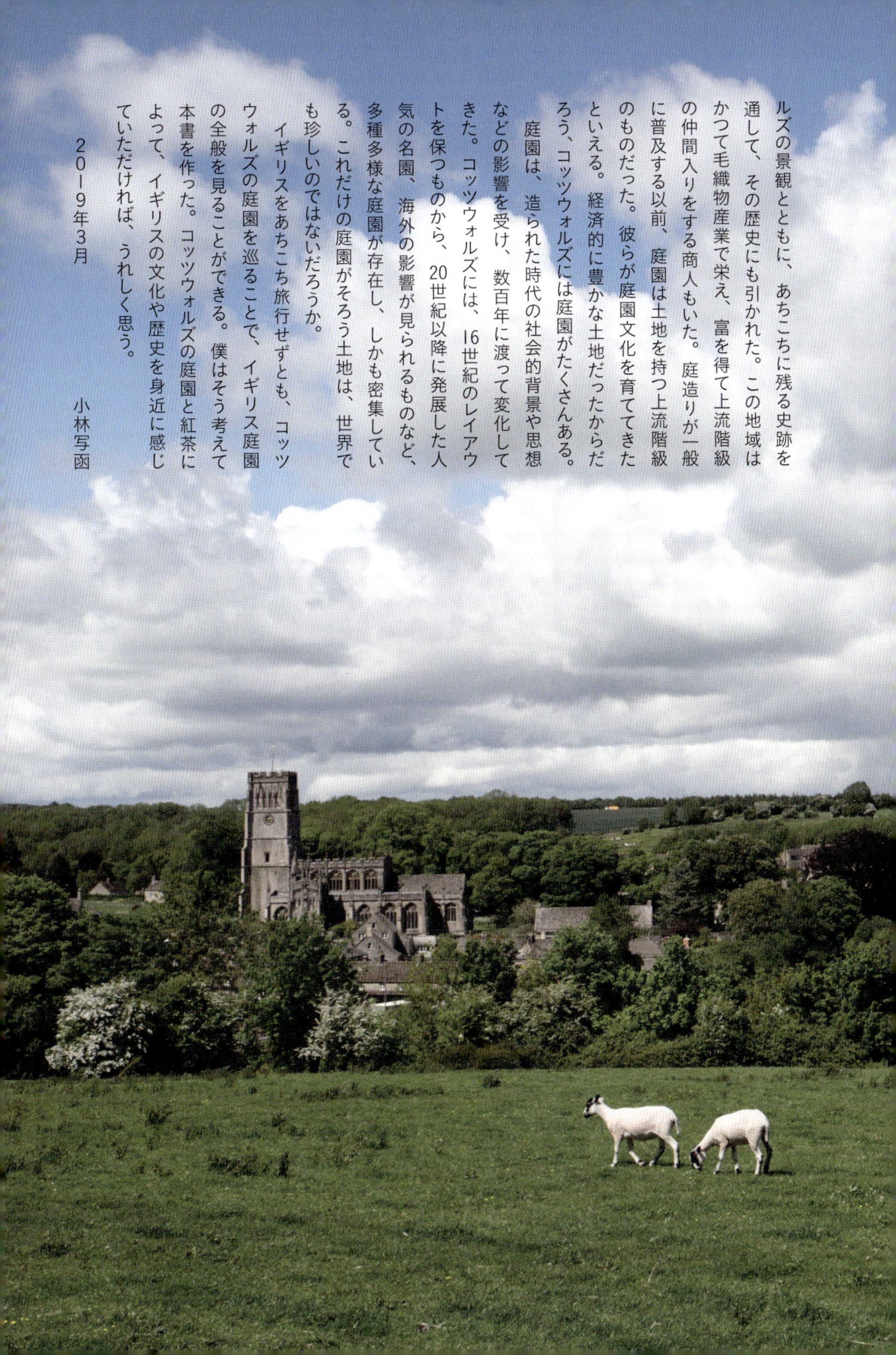

ルズの景観とともに、あちこちに残る史跡を通して、その歴史にも引かれた。この地域はかつて毛織物産業で栄え、富を得て上流階級の仲間入りをする商人もいた。庭造りが一般に普及する以前、庭園は土地を持つ上流階級のものだった。彼らが庭園文化を育ててきたといえる。経済的に豊かな土地だったからだろう、コッツウォルズには庭園がたくさんある。

　庭園は、造られた時代の社会的背景や思想などの影響を受け、数百年に渡って変化してきた。コッツウォルズには、16世紀のレイアウトを保つものから、20世紀以降に発展した人気の名園、海外の影響が見られるものなど、多種多様な庭園が存在し、しかも密集している。これだけの庭園がそろう土地は、世界でも珍しいのではないだろうか。

　イギリスをあちこち旅行せずとも、コッツウォルズの庭園を巡ることで、イギリス庭園の全般を見ることができる。僕はそう考えて本書を作った。コッツウォルズの庭園と紅茶によって、イギリスの文化や歴史を身近に感じていただければ、うれしく思う。

2019年3月　小林写函

庭園と紅茶とマナーハウスを楽しむ
コッツウォルズ イングリッシュガーデンとティールーム

目次

The Southern Cotswolds 2

5章 サザーン・コッツウォルズ2

カッスル・クームからバース周辺

COLUMN

…… **本書を利用する際に** ……

・本書掲載のデータは2018年6月の取材をもとにし、2019年2月現在の情報に基づいています。営業時間・定休日・料金などは変更になる場合があります。

・電話番号は、現地の市外局番からの表示です。日本からかける場合は、「国際電話識別番号010」+「イギリスの国番号44」+「0を除いた市外局番」+「相手の電話番号」になります。

・英国£1=146円(2019年2月現在)。

Cotswolds Map

コッツウォルズマップ

● 庭園

● ホテル

ティールーム

コッツウォルズは慣習的な呼び名で明確な範囲はなく、特別自然美観地区（AONB）を中心とした地域と捉えられている。

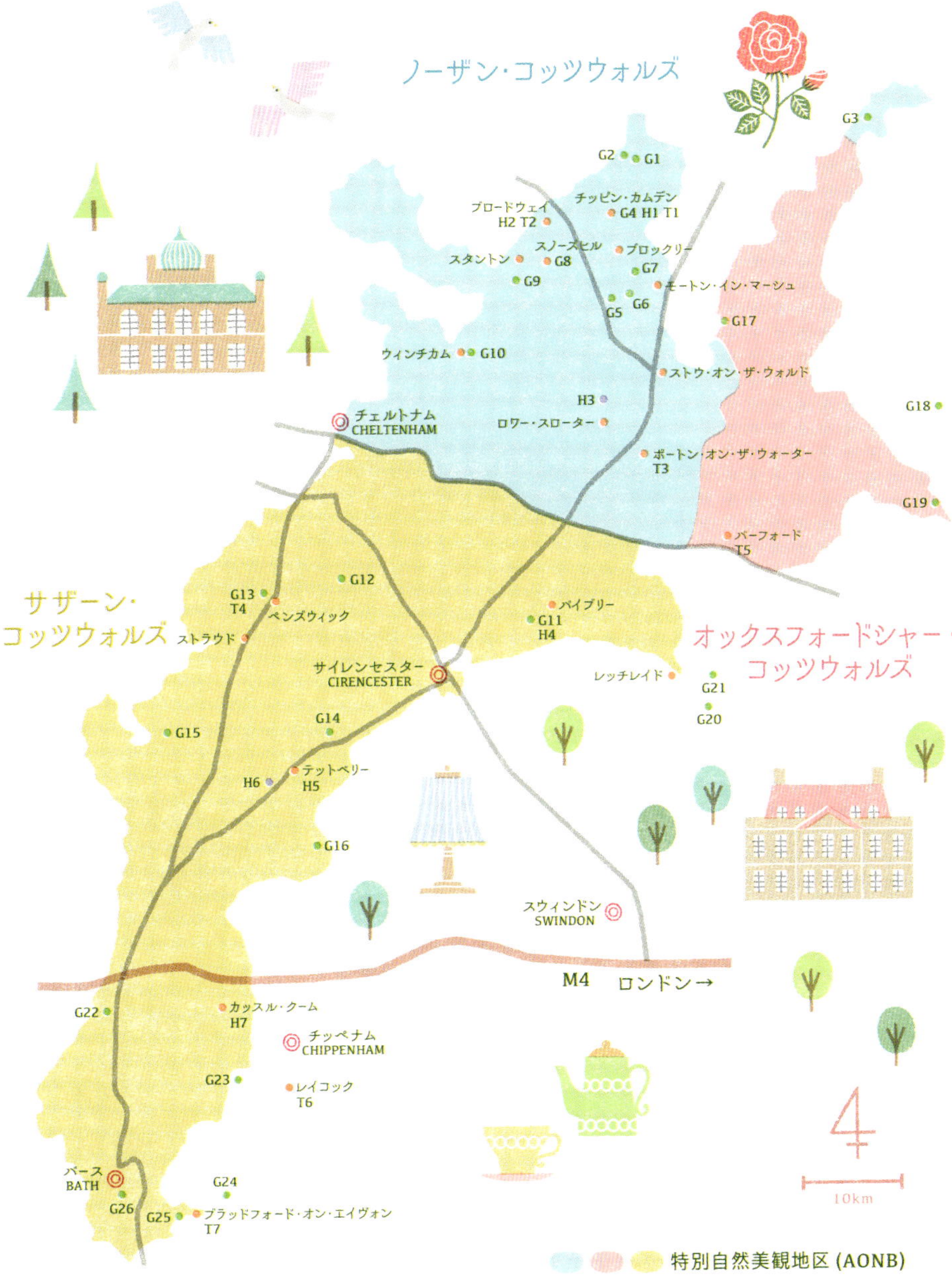
ノーザン・コッツウォルズ
G3
G2
G1
チッピン・カムデン
G4 H1 T1
ブロードウェイ
H2 T2
スノーズヒル
ブロックリー
スタントン
G8
G7
G9
モートン・イン・マーシュ
G5
G6
G17
ウィンチカム
G10
ストウ・オン・ザ・ウォルド
H3
G18
チェルトナム
CHELTENHAM
ロワー・スローター
ボートン・オン・ザ・ウォーター
T3
G19
バーフォード
T5
G12
サザーン・
コッツウォルズ
G13
T4
ペンズウィック
ストラウド
バイブリー
G11
H4
オックスフォードシャー・
コッツウォルズ
サイレンセスター
CIRENCESTER
レッチレイド
G21
G20
G14
G15
テットベリー
H6
H5
G16
スウィンドン
SWINDON
M4
ロンドン→
G22
カッスル・クーム
H7
チッペナム
CHIPPENHAM
G23
レイコック
T6
バース
BATH
G24
G26
G25
ブラッドフォード・オン・エイヴォン
T7
4
10km
特別自然美観地区 (AONB)

コッツウォルズの庭園を楽しむために

コッツウォルズ近郊のボーウッドにある、19世紀に造られたテラス式庭園。上下の2段になっている。

コッツウォルズの庭園を巡るのに、専門書を読む必要はないが、予備知識があるとよりいっそう楽しめるだろう。ここでは、庭園の変遷について簡単に触れてみたいと思う。

ヨーロッパでは、彫刻や絵画などの美術はイタリアからフランス、そしてイギリスに伝わった。造園も同じで、まずイタリアで古典的なイタリア・ルネサンス式庭園が造られ、それをもとにフランスで幾何学的なフランス式庭園が生まれた。これらはイギリスの庭園にも取り入れられた。しかし、その後は従来の流れとは逆に、イギリスからフランス及びヨーロッパに新しいスタイルの庭園が伝えられるようになる。18世紀にイギリスで発祥した風景式庭園と、20世紀のコテージ・ガーデンだ。

イタリア・ルネサンス式庭園

～古典的でシンメトリーな庭園～

イタリアで、14世紀から16世紀にかけてのルネサンス期に、古典的な様式の庭園が発展した。イタリア・ルネサンス式庭園、または単にイタリア式庭園と呼ばれている。左右対称の幾何学的なデザインで、庭園の中央を貫く通路があり、古典的な彫刻などが見られる。

ディラン・パーク（142ページ）にある小さなカスケード。

ブレナム・パレス（124 ページ）にあるウォーター・テラスは整形式庭園として有名。

ディラン・パーク（142 ページ）で復元されている 17 世紀の整形式庭園。

　また、急峻な山岳地帯が多いイタリアでは、傾斜をうまく利用した庭園が造られた。斜面を段々畑のように平らな階段状のテラスを設けて庭を造ったもので、テラス式庭園と呼ばれる。傾斜を利用する手法として、カスケードと呼ばれる滝や、高低差を利用した噴水などが造られた。

　イギリスも傾斜が多く、イタリア式庭園は積極的に取り入れられたが、コッツウォルズに当時のものは残されていない。この頃、一般の荘園領主たちは、庭園を四角く囲い、その中心に対称軸となる通路を設けたうえで、等分に区切り、それぞれに違った雰囲気の小庭園や菜園などを設けていた。このスタイルの名残は、チャッスルトン・ハウス（114ページ）やミザーデン（86ページ）の庭園に見ることができる。

　また、ピートーのように古典的なイタリア式庭園を好んだ造園家もおり、彼が造ったアイフォード・マナー（162ページ）やバスコット・パーク（130ページ）のウォーター・ガーデンにその様子が見られる。

フランス式庭園

～広く平坦な敷地に展開する幾何学的な庭園～

　17世紀の半ば、それまでイタリア式庭園を造っていたフランスで、新しいスタイルの庭園が生まれた。造園家ル・ノートルが、広い空間を存分に使い、幾何学的な造形や花壇を整然と配したもので、ヴェルサイユ宮殿の庭が有名だ。この庭園はヨーロッパ中で評判となり、フランス式庭園もしくは整形式庭園と呼ばれるようになる。イギリスでも普及し、コッツウォルズでは、ブレナム・パレス（124ページ）やディラン・パーク（142ページ）で造られたが、どちらもその後造り変えられて、一部しか残っていない。

ブレナム・パレス（124ページ）の風景式庭園。18世紀に造られたブラウンの代表作。

18世紀中頃に造られた、プライアー・パーク（166ページ）の風景式庭園。

イギリス式庭園

～絵画のような自然の風景を再現した庭園～

18世紀、上流階級の子弟たちの間で、グランド・ツアーと呼ばれる遊学が流行した。多くはイタリアに出かけ、そこで衰退したイタリアの風景に出会い、土産物として、廃墟の神殿があるような風景画を買い求めた。邸宅の壁に飾られたそれらの絵画を眺めているうちに、同じ風景を窓の外に造ろうと考えたのだろう。自然風景を模した庭園が造られるようになった。これがイギリス式庭園もしくは風景式庭園と呼ばれるものだ。

それまでの整形式庭園とはまったく異なる、イギリス発祥の庭園だ。国力増強と名誉革命などから、イギリスがヨーロッパでも認められるようになってきた時代で、それまでの文化の流れとは反対に、ヨーロッパにも広がっていった。マリー・アントワネットがヴェルサイユ宮殿に造った小トリアノン庭園もその一例だ。

イギリス式庭園の時代は3つに分けられ、それぞれを代表する造園家が存在した。成立期の18世紀上旬はウィリアム・ケント（122ページ）、確立期の18世紀中旬はランスロット・ブラウン（126ページ）、そして普及期の18世紀下旬から19世紀初旬はハンフリー・レプトン（148ページ）。コッツウォルズでは、ケントの庭としてローシャム・パーク（118ページ）が有名であり、ブラウンのものはブレナム・パレス（124ページ）のほか、コッツウォルズ近郊のボーウッド、クルーム・コートに典型的な風景式庭園が見られる。レプトンのものとしては、コーシャム・コート（146ページ）などが挙げられる。

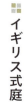

20世紀下旬に造られたリドリーズ・チアー（150ページ）の庭。自然な雰囲気の現代のイギリス庭園。

コテージ・ガーデンを取り入れた、ヒドコット・マナー・ガーデン（16ページ）。

コテージ・ガーデン

～小さな民家の庭をヒントにした自然な庭園～

19世紀になると、風景式庭園も次第にあきられ、邸宅の周辺に整形式の花壇を配置するようになり、温室や海外の珍しい植物など、さまざまなものが取り入れられた。19世紀は、大英帝国の最盛期で、経済的な豊かさを反映して、庭園も大きく派手なものになった。その反面、自然な庭を尊重する考えも大きくなり、田舎にある民家（コテージ）の庭を理想的なものとする、コテージ・ガーデンの考えが生まれてくる。

貧しい人々が暮らす民家の庭は、生活のための空間であり、野菜や花を育て、鶏を飼う。手入れが行き届かないため、植物は自然に繁茂し、壁にはツタがはう。その風景は郷愁を誘うものとして、産業革命で工業化が進んだ社会には、大切にされた。ウィリアム・モリス（138ページ）の思想とも通じるもので、コテージ・ガーデンはアーツ・アンド・クラフツ・ガーデンと呼ばれることもある。

このスタイルを具体化した革新的な庭園として、20世紀初めに登場したのが、ヒドコット・マナー・ガーデン（16ページ）だ。広い敷地を小さな区画に分け、それぞれに違った雰囲気の小庭園を造るというもので、コテージ・ガーデンの集合体といわれる。現代のイギリス庭園の代表的なスタイルとなり、コッツウォルズに見られる多くの庭園が、この形式を取り入れている。

イギリスで紅茶が流行するまで

イギリス人にとって紅茶は欠かせない。家庭ではリーフティーよりティーバッグが主流。

イギリスで紅茶は生産されないのに、紅茶といえばイギリスを連想する。それほど、この国で紅茶文化は成熟した。イギリスに茶が伝えられたのは1630年代のこと。江戸時代に、平戸を通して日本と交易していたオランダから伝えられたという。イギリスに最初に茶をもたらしたのは日本だったが、その後はおもに中国から輸入していた。初めは紅茶より緑茶の人気が高かったが、18世紀の半ばに逆転し、輸入量が入れ替わる。

コーヒーも茶とほぼ同時にイギリスに伝わり、当初はコーヒーの方が茶より人気があった。結果的に茶の方が主流となったのは、コーヒーの栽培や流通で、イギリスが国際市場で不利になったこともあったようだが、茶には東洋文化の香りがしたからかもしれない。

イギリスで茶が普及するひとつのきっかけとなったのが、名誉革命によってオランダから招請され、1689年に王位についたメアリ2世だ。彼女と妹のアン女王は、東洋趣味の愛好家で、オランダから茶の習慣をイギリス上流社会に広めた。茶は作法とともに、上流階級が珍重した磁器などとも関係が深い。ヨーロッパで最初に磁器が焼成されたのは18世紀初

コッツウォルズのティールームのクリームティー。半分に割って、クロテッドクリームとジャムをぬる。

バーンズリー・ハウス（84ページ）のアフタヌーンティー。三段トレーは省スペースとも、サービスの省力化のためとも。

めのことで、それまでは中国や日本から盛んに輸入されていた。東洋の優れた文化を、上流階級の人々が飲茶という形で楽しんだのだろう。

コッツウォルズで紅茶を楽しむ

コッツウォルズは、紅茶を楽しむにはよい場所だ。都会と違い、住民が日常的に利用するティールームが身近にあり、質が高く、値段も手頃だ。富裕層が集まる観光地でもあることから、マナーハウスホテルなどでは、上質なアフタヌーンティーが楽しめる。ティールームでは紅茶だけとか、アラカルトでケーキを注文することもできるが、定番はクリームティーとアフタヌーンティーだ。クリームティーは紅茶にスコーンが付くもので、アフタヌーンティーはさらに、小菓子とサンドイッチが付くものをいう。

あるホテルのサービススタッフから聞いた話だが、アフタヌーンティーでは、サンドイッチは前菜、スコーンはメイン、小菓子はデザートに相当するそうだ。だから、この順番に食べるものらしいが、「でも、好きに食べればいいんだけどね」と付け加えていた。スコーンには、クロテッドクリーム（基本的にバターより少なく、クリームより多めの脂肪を含むクリーム）と、ジャムが添えられる。スコーンはナイフで横に半分に切り、そこにクロテッドクリームとジャムをたっぷり塗っていただく。このとき、クロテッドクリームを先に塗るか、ジャムが先かという議論がある。紅茶にミルクを先に入れるか、ミルクに紅茶を注ぐかという有名な議論と同じく、イギリス人はこの手の話題が好きなようだ。

上流階級の館 マナーハウス

広い敷地に建つザ・マナーハウス（152 ページ）は、典型的なマナーハウスホテル。

イギリスにはマナーハウスホテルと呼ばれる高級ホテルがある。その多くは広い敷地を持ち、歴史を感じさせる立派な建物は、厳かな雰囲気に包まれている。富裕層の利用が多く、宿泊料金も高めだ。きちんとしたマナーが身に付いていないと恥をかきそうだが、マナーハウスのマナーは礼儀作法のマナーではなく荘園のこと。本来、マナーハウスは荘園を治めていた領主が実際に住んでいた館を意味する。しかし、いまではそれほど厳密ではなく、近世に商工業で成功した富豪が、田舎に土地を買って建てたカントリーハウスなどもマナーハウスと呼ばれることがある。いずれにしても、上流階級の人たちが使っていた邸宅であり、アフタヌーンティーを楽しむには最適な場所だろう。

　本書で紹介している庭園には、マナーハウスの庭園も多く、なかには邸宅内も解放しているところもある。スタンウェイ・ハウス（68ページ）などは住人が居住しているが、その一部を見ることができる。また、ザ・コーツ・ガーデン（156ページ）など、邸宅の一部をティールームにしているところもある。

　マナーハウスホテルなどの高級ホテルを利用する際は、服装に留意する必要がある。近年では自由な雰囲気になってきているとはいえ、ジーンズやウォーキングシューズでレストランに行くのは避けた方が無難だ。ちょっと堅苦しいかもしれないが、イギリスの格調高い雰囲気を体感するのも楽しいだろう。

バーンズリー・ハウス（84 ページ）のレストラン。歴史ある建物に現代風なインテリア。

The Northern Cotswolds 1

1 章 ノーザン・コッツウォルズ1

チッピン・カムデン周辺から北端にかけて

1

ヒドコット・マナー・ガーデン

Hidcote Manor Garden

コッツウォルズ地方の風景に興味を持ち始めた頃、有名な村々や旧跡に出かけては写真を撮っていた。しかし、20世紀を代表するイギリス庭園のひとつとして名高い、ヒドコット・マナー・ガーデンを訪れるまで、数年かかっている。というのも、この庭園はコッツウォルズの北端にあり、近郊の村からも離れ、行きづらいからだ。

初めて訪れたのは4月だった。緑の芝や木々の枝にようやく春らしさが感じられるようになっていたが、まだ庭園を訪れる人影はまばらだった。曇天の湿り気を帯びた空気の中、高い生け垣で区切られた小庭園を一つひとつ歩いた。黄色い花が静かに咲く庭、噴水がある庭、日時計がある庭など、違った雰囲気を持つ庭の小部屋が次々と展開していった。

この庭園の特徴は、広い敷地を小さく区切ったことにある。それぞれの区画を民家の庭（コテージ・ガーデン）を意識した自然な庭としながら、庭園全体としては整形的なものに仕上げている。この形式はその後のイギリス庭園に、大きな影響を与えた。

当時この庭園をたびたび訪れていたヴィータ・サックヴィル＝ウェストもそのひとりだ。彼女は、この庭園をヒントに、サリー州にある有名な庭園シシングハースト・カッスル・ガーデンを造っている。

庭園の中心から一直線に伸びる「ロング・ウォーク」。小さく区切られた小庭園をいくつも通り抜けていくと現れるため、遠方の視界が一層遠く、開放的に感じられる。

上／庭園の中心部にあるツインのガゼボ（小建築）。階段を上ると奥にもう一棟ある。どちらも内部にはベンチがあり、腰を下ろして庭園の風景を楽しめる。
右下／邸宅脇から「ホワイト・ガーデン」などの小庭園の生け垣と、その向こうにある茅葺き屋根の民家を望む。
左下／「ベイジング・プール・ガーデン」の脇にある小空間。シデの生け垣にぽっかりと開いた入口から中をのぞく。

ツインのガゼボの一棟と、そこから伸びる「レッド・ボーダーズ」。芝生の通路の両側に、赤やオレンジ、紫を基調とした花壇が続く。

きれいに刈り込まれたイチイの並木は、花壇の花々を引き立たせる背景となっている。

カンパニュラの白い花が咲く６月の「ホワイト・ガーデン」。邸宅の周囲にある小庭園で、白い花や葉を持つ植物が集められている。

庭園を造ったローレンス・ジョンストン column

イギリスの庭園として有名なヒドコット・マナー・ガーデンだが、これを造ったローレンス・ジョンストンは、庭園とは縁のない退役軍人。しかもアメリカ人だ。彼は裕福な銀行家の家庭に生まれ、ケンブリッジ大学で学んだ後、イギリスに帰化した。第一次大戦では陸軍少佐として従軍しており、イギリス人になろうとしたアメリカ人といえよう。１９０７年にヒドコット・マナーに移り住み、母親とともに暮らしていた。

もともとお金に不自由はなく、47歳で退役した後、独学で始めた庭造りに没頭。40年の歳月をかけて、この庭園を完成させている。彼はあまり社交的ではなく、生涯独身だったが、隣のキフツゲート・コートで庭園を造ったムーア夫人など、園芸仲間とは親しく交流していたようだ。おおらかなアメリカ人というより、そもそもイギリス人的人物だったのだろう。

柱のように刈り込まれたイチイのトピアリーが並ぶ「ピラー・ガーデン」。オレンジのユリが咲く6月下旬の様子。

「ホワイト・ガーデン」にいることを示す標識。地図と照らし合わせながら、自分がどこを見学しているのか確認しないと迷ってしまうかも。

ジョンストンの母親にちなんだ「ミセス・ウィンスロープズ・ガーデン」。黄色をテーマに、異国情緒あふれる樹木が植えられている。

日本のモミジを基調にした「メープル・ガーデン」の10月の風景。奥に見える茅葺き屋根の民家は隣接する村のものだが、コテージ・ガーデンを想起させる格好の借景をなっている。

庭園情報 **Hidcote Manor Garden**

https://www.nationaltrust.org.uk/hidcote

開園は2月中旬から12月中旬。時間は午前10時から18時だが、月によって異なるので事前にホームページなどで確認を。レンタカーを使うか、チッピン・カムデン村からタクシー利用。ミックルトン村からならパブリックフットパス（遊歩道）を使えば2km程。

2

キフツゲート・コート・ガーデンズ

Kiftsgate Court Gardens

コッツウォルズ北端のミックルトンという村に泊まった際、ホテルのオーナー夫人との会話が、近くにある二つの庭園の話になった。ヒドコット・マナー・ガーデンと、キフツゲート・コート・ガーデンズである。「あなたはどちらが好き?」と、彼女に尋ねられた。

どちらも20世紀の前半に造られた有名な庭園。前者は本書16ページで紹介している、ローレンス・ジョンストンという男性が造った庭。迷いながらも、こちらをあげると、それは意外だと彼女は目を丸くした。

キフツゲート・コート・ガーデンズは、ヘザー・ムーアという女性によって造られた。バラが豊富、巧みな色彩センスによる配色、フォーマルな印象が薄く親しみのある雰囲気など、どちらかといえば女性に好まれる傾向にあるようだ。

ムーアは、ヒドコットの庭園に触発されて庭造りを始め、時にジョンストンの助言を受けながら、作業を進めていったという。邸宅の周囲を小区画に分けて、小さな庭を展開させている点では、ヒドコットと共通する。しかし、先生と同じ物を作らないのが西洋流。同時期に造られた、趣の異なる庭園が隣り合わせる結果となった。

さて、あなたはどちらの庭園がお好き?

右上／邸宅から急斜面を下ったテラスにある半円形のプール。コッツウォルズ丘陵の西側に広がる風景が眺められる絶好の場所だ。このプールはヘザー・ムーアの娘ダイアニーによって造られた。
右下／邸宅西側にある「ワイド・ボーダー」。グラジオラス、ゼラニウム、スイセンノウなどの多年草と低木で構成されている。
左上／邸宅の脇にある「ホワイト・サンク・ガーデン」。エスクロニウム、グラジオラス、ヘリアンセマム、アリウムなどが咲く6月上旬の風景。
左下／新旧さまざまなバラが植えられている「ローズ・ボーダー」。強い香りを持つツルバラ「キフツゲート・ローズ」も、毎年7月上旬頃に見られる。

19世紀に建てられた邸宅。列柱のある18世紀の入口部分は、丘の下のミックルトン村から、マナーハウスを分解して運んだもの。

ヘザーの孫娘アンによって造られた「ウォーター・ガーデン」。もとはテニスコートがあった。

「ローズ・ボーダーズ」と生け垣を背にして続く「イエロー・ボーダー」。6月の様子だが、秋のような色合いだ。

女性らしさがあふれる庭園のわけは？ column

ヘザー・ムーアがこの庭園を造り始めたのは1920年のこと。彼女は庭師の経験があるわけでもなく、アマチュア造園家だったが、30年後の1950年代には、庭園は高く評価されるようになった。1954年、娘のダイアニーがヘザーの後を継ぎ、さらに1981年には、ダイアニーの娘アンが庭園を引き継いでいる。3代に渡る女性によって造園されている庭園であり、女性に人気があっても不思議ではない。

僕が2004年にこの庭園を訪れた時、それまで見たことがない新たな小庭園があることに気づいた。見落としていたのかと思ったが、アンによって新たに造られた「ウォーター・ガーデン」だった。庭園の他の部分と大きく異なる無機質な印象に、当初は違和感を持ったものだが、今となっては現代的な斬新さも不自然なく感じられる。2018年に訪れると、さらにその隣に新しい小庭園が造られていた。

中央に噴水がある「ホワイト・サンク・ガーデン」は、ダイアニーによって改装されたもの。彼女の代から庭園は一般公開されるようになった。

デルフィニウム、ゲンチアナ、リグラリアなどが美しい6月下旬の「イエロー・ボーダー」の風景。

邸宅の正面にある田の字形をした小庭園「フォー・スクエアーズ」には、季節を通して楽しめる、多種多様な多年草が植えられている。

庭園内に置かれているイスとテーブル。邸宅の一部はティールームになっており、紅茶やケーキを庭で楽しむ人々の姿も見かける。

庭園情報 **Kiftsgate Court Gardens**

http://www.kiftsgate.co.uk/

開園は4月と9月の日・月・水曜日、5月から8月の日・月・火・水・土曜日。時間は12時から18時（4・8・9月は14時から）。チッピン・カムデン村からタクシー。ミックルトン村からは、パブリックフットパス（遊歩道）を使えば約1.5km。

3

アプトン・ハウス・アンド・ガーデンズ

Upton House and Gardens

門を入ると右手に駐車場があり、遠くに見える邸宅までは、まっすぐ続く道を歩かなければならない。この広大な土地と邸宅は、１９２７年以降、イギリスの大富豪の一人、ウォルター・サミュエルが所有していた。彼はシェル石油の二代目社長に当たる。

邸宅内にはウォルターが集めた絵画が展示されており、さながら美術館のようだ。二階の一室に、かつて上流階級の女児が着ていたセーラースーツなるものが展示されている。水兵の服をアレンジしたもので、セーラー服の起源ではないかと思われた。

南側の大きな窓からは、芝生の広場が眺められ、その先には遠方の丘が見える。一見して、庭園はこの広場だけのようだが、外に出て芝生を歩くと、遠方の丘との間に谷があることに気づく。端まで歩き、下をのぞいて、あっと驚かされた。浅い谷間に庭園が広がっていたのだ。緩やかな斜面に階段状のテラスが設けられ、境栽花壇や小庭園、菜園などがある。しばしその全景を上から眺め、階段を降りつつ風景の変化を楽しみ、池を周遊しながら戻った。

それにしても、なぜわざわざ華やかな庭園を邸宅の窓から隠すように造ったのだろう。訪問客を驚かせる趣向なのか。大富豪の考えには遠く及ばない。

テラス式庭園の一角にある、「ローズ・ガーデン」の6月の風景。イチイの生け垣が囲い、中央にギリシャ神話の神パンの像がある。

10月の「ハイビスカス・ガーデン」。「ローズ・ガーデン」の上段にある細長い区画。

多年草で構成されている「ノース・レイク・ボーダー」は、「ミラー・プール」と呼ばれる長方形の池に沿って伸びる。

芝生の広場「メイン・ローン」から見た、谷間に広がる庭園。ウォルターの時代に、女性ガーデンデザイナーによって造られた。

邸宅の周囲にある花壇。6月にはエリシマムなどが美しい。

20世紀に造られた、谷間の庭園に下りるシンメトリーな階段。6月には階段途中にあるフジが美しい。

ウォルターはロンドンなど4カ所に邸宅を持っていた。ここは美術品のコレクションや、庭園を楽しむ場所だった。

庭園情報 **Upton House and Gardens**

https://www.nationaltrust.org.uk/upton-house-and-gardens

開園は1月初旬から2月初旬の土・日曜日と、2月中旬から12月末までの毎日（10月末から12月下旬の火〜木曜日と、12月末頃の火曜日は休園）。時間は2月中旬から10月末は11時から17時、それ以外は12時から16時。バンベリーから約12km。

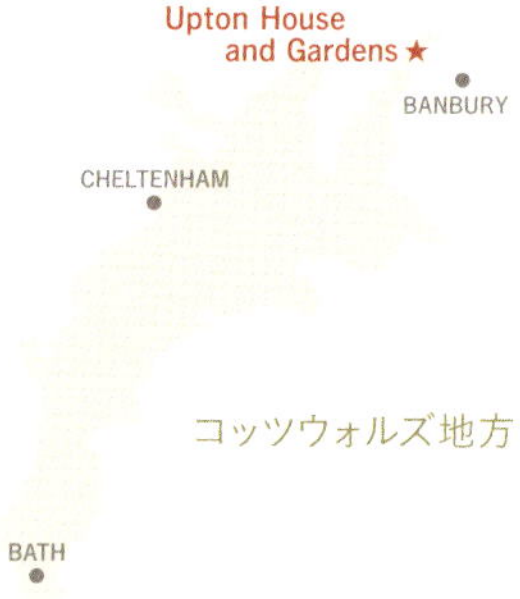

4

アーネスト・ウィルソン・メモリアル・ガーデン

Ernest Wilson Memorial Garden

古い建物が残るチッピン・カムデン村には、多くの旅行者が訪れる。しかし、石壁に囲まれたこの小さな庭園に気付く者は少ないだろう。かくいう僕も、知ったのはつい最近のことである。１８７６年、この村で生まれたプラントハンターのアーネスト・ウィルソンを記念し、１９８４年に造園された。プラントハンターとは、未知の植物を求めて奥地や海外に出かけた人々のことで、ウィルソンは有名な者の一人だ。

　彼は23歳のとき、海外の珍しい植物を扱う種苗会社から、中国での植物採集の依頼を受けた。危険がともなう土地で、数多くの実績を残し、そのなかには、俗に「ウィルソンの中国スグリ」と呼ばれた不思議なフルーツもあった。現在のキウイフルーツである。１９１４年、勤務していたアメリカの樹木園の派遣で、妻と幼い娘とともに日本も訪れている。日本のツツジやサクラを海外に紹介し、『日本のサクラ』という本でその美しさを広く伝えた。しかし、１９３０年、車の運転中の事故で妻とともに急死している。冒険に明け暮れた彼にとっては皮肉な最後だったが、ともにいることが少なかった妻と一緒だったのは、幸いだったとも思える。

　村に滞在する機会があれば、この庭園は朝の散歩によいだろう。ウィルソンが海外から集めた樹木の下で深呼吸をすれば、東洋の香りがするかもしれない。

村にあるウィルソンの生家。入口の壁にはブルー・プラーク（記念プレート）が設置されている。

背後に見えるのは、セント・ジェームズ教会。庭園は住民の憩いの場となっている。

日本由来の表記があるヤマザクラ。4月頃にきれいな花を咲かせるだろう。

園内中央で美しく咲くコルヌス・コウサ（ヤマボウシ）。案内表示には中国由来とある。

プラントハンターと紅茶 column

18世紀の末、イギリスでは一般家庭でも茶を楽しむようになり、茶葉の需要は拡大した。イギリスで茶は栽培できず、中国からの輸入に頼っていたため、貿易は大幅な赤字。そこでイギリスは、植民地だったインドで茶の栽培をしようと、茶の木を中国から持ち出すことを考えた。しかし、苗木を船に積んで長距離輸送する手段が確立されていなかったことなどから、うまくいかなかった。現代のように、飛行機で運搬するのとはわけが違う。

1848年、初めて移植に成功したのが、中国の茶とその栽培について研究していた、プラントハンターのロバート・フォーチュンだ。「ウォードの箱」と呼ばれる、開発されたばかりの運搬用のガラスケースを使い、中国福建省で入手した苗木を、気候が似ているインドのダージリン地方に移植。それが「ダージリンティー」となった。

ウィルソンは約1200種類の植物を集めたとされ、園内にはその一部が植えられている。写真は6月に見られる花の例。①コルクウィッチア・アマビリス（ショウキウツギ）②ネイリア（コゴメウツギ）③アイリス ④セラトスティグマ ⑤ロサ・ダビディ ⑥インディゴフェラ（コマツナギ）⑦ロサ・モエシー ⑧ロードデンドロン ⑨ロサ・セティポダ

庭園情報 Ernest Wilson Memorial Garden

開園は毎日。時間は日の出から夕暮れまで。入場無料。チッピン・カムデンは、ロンドンから列車があるモートン・イン・マーシュより、ローカルバスで約45分、運行本数は少ない。村のハイストリートを北に歩き、教会への分岐を曲がらず通り過ぎてすぐ右。

コッツウォルド・ハウス・ホテル・アンド・スパ
Cotswold House Hotel and Spa

シャンパンが付く Champagne High Tea £30。写真は二人分。シャンパンがない Full Afternoon Tea は £21.50。
どちらも 12 種類のリーフティーから選べる。アフタヌーンティーは毎日 14 時から 17 時まで。要予約。

チッピン・カムデン村で贅沢なひとときを過ごすなら、お勧めしたいのがこのホテルだ。村の中心部にあり、散策や買い物にも便利。通りに面しているものの、車道から距離があるため窓辺でも静かだ。石造りの建物は、17世紀に建てられた豪商の館で、館内の造作も美しい。優雅な雰囲気のラウンジで、村の風景を眺めながら、ゆっくりとアフタヌーンティーを楽しめる。その規模からマナーハウスホテルとはいい難いが、レストランや客室の豪華さ、広い庭やエステなど、施設は充実しており、むしろ気楽な雰囲気が居心地のよさを感じさせてくれる。

右上／落ち着きのある内装のロビー。この建物は 1930 年代まで私邸として使われ、その後ホテルとなった。
中／庭に面して並ぶコテージ風の客室内部。メインの建物にある客室と異なり、プライベート感は高い。
右下／ホテルのシンボルともいわれる美しい螺旋階段。各階に客室が並ぶ。

左上／ホテルの裏側には広い庭があり、これを通り抜けると、プールやエステ施設があるスパの建物にいたる。
左下／庭に面したレストラン。アフタヌーンティーや宿泊客の朝食ルーム、パーティーなどに利用されている。

Cotswold House Hotel and Spa

住所：The Square, Chipping Campden,
Gloucestershire GL55 6AN
電話：01386-840330
http://www.bespokehotels.com/cotswoldhouse

ザ・バンタム・ティー・ルームズ

The Bantam Tea Rooms

Tea room

賑やかな村の通りを歩いていると、自然と目に入るのがこの店のショーウィンドウだ。素朴な手作りの菓子が並び、ちょっと入ってみようかなという気を起こさせる。軒の低い入口をもぐるようにして入ると、店内は広く、リラックスできる雰囲気だ。ショーウィンドウに並ぶ商品は、ケーキもスコーンも、すべて自家製。天井を見上げると、奇妙な半円形の鉄材があるが、これは、20世紀前半、ここが肉屋だったときに商品を吊るしたものだ。

建物は1693年に建てられたもの。裏庭にも客席がある。

陽気でフレンドリーな店主のキャロラインさん。上階などでB&Bも経営している。

上／ショーウィンドウには、できたてのケーキやスコーンが並べられている。レモンドリズルなどのケーキは£2.95。フラップジャックなどは£1.95。下／紅茶とスコーンひとつのクリームティー£5.95と、チョコレートケーキ£2.95。

The Bantam Tea Rooms

住所：High Street,
Chipping Campden,
Gloucestershire GL55 6HB

電話：01386-840386

営業：10時から17時

http://www.bantamtea-rooms.co.uk

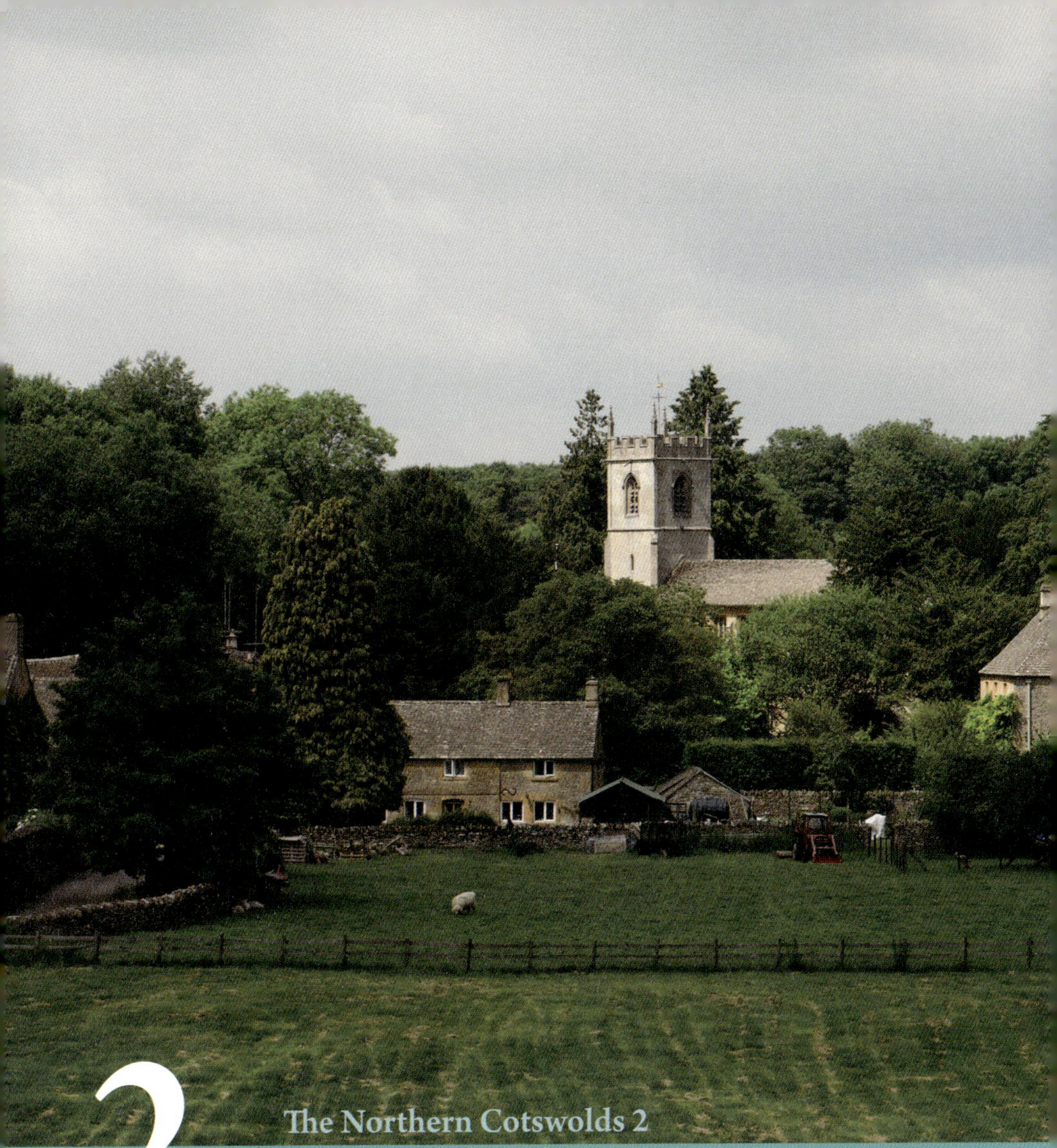

2章 ノーザン・コッツウォルズ 2

The Northern Cotswolds 2

ブロードウェイからスローターズにかけて

5

シージンコット

Sezincote

コッツウォルズの緑に囲まれた、インド風の邸宅。現地のガイドブックで見たその奇妙な写真にひかれて、ここを訪れた。

入場料を払い、園内の小道を進むと、木々の間から目当ての邸宅が姿を現した。時折小雨がぱらつく天気だったが、しっとりとした背景にもなじみ、奇抜さはなかった。現代人にとっては、少なからずどこかで見たことがある形だからだろうか。しかし、建築された19世紀初頭には、さぞかしインパクトがあったことだろう。ここを訪れたリージェント皇太子が、この建物に感銘を受け、ブライトンの私邸「ロイヤル・パビリオン」を同様のデザインにしたといわれるくらいだ。

建物は東インド会社に勤務したチャールズ・コッカレルが、建築家の兄と建てたものだ。正確にはムガール様式と呼ぶようで、庭園にもその雰囲気が見られる。

邸宅南側の庭園にはゾウのブロンズ像があり、脇の温室も東洋風のデザインがおもしろい。しかし、この庭園で有名なのは、入口近くにあるウォーター・ガーデンだ。

一角に設けられた池から流れ出る水が斜面を下り、小川となって流れる。小さな橋や飛び石を渡って両岸を行き来しながら、小さな池が連続し、異なる植栽が展開する風景を楽しむ。日本のサクラやカエデ、中国のタケなどもあり、神殿やウシの像などのヒンズー教に関係したモニュメントがおもしろみを添えている。

上／この2ページの写真はすべて「ウォーター・ガーデン」。カエデの紅葉が美しい10月の風景。石橋は入口から邸宅につながっている。

下／ヒンズー教の神を祭った「テンプル」と噴水。庭園の高い位置にあり、ここから小川が流れ出す。

上／植物の個性が際立つように、形や色の違うグリーンを組み合わせ、自然な雰囲気にしている。
右下／「ウォーター・ガーデン」の中央を小川が流れる。ブルンネラが咲く春の風景。
左下／逆光に輝くアリウムの手前に、小川の細い流れが隠れている。

このページの写真はすべて「オランジェリー（温室）」。邸宅南側の庭園を囲うように伸び、この八角形の建物「パビリオン」がその終端。

「パビリオン」から見た南側の庭園と邸宅。この庭園部分は 20 世紀になって造られたもの。

内部には、極東アジア、南ヨーロッパ、南米などから集めた植物が育てられている。

「オランジェリー」内部は、開園日にはティールームとして利用されている。

ハーハーについて column

ボーウッド（コッツウォルズ南部近郊）の庭園にあるハーハー。左側が牧草地。

上／中央がハーハー。堀は右側の牧草地から斜めに落ち込み、邸宅側は垂直の壁となっている。
下／コッツウォルズ近郊にあるクルームコートのハーハー。風景は連続的だが、近付くと2m程の深さの堀がある。

ハーハー（ha-ha）は、18世紀の風景式庭園によく見られる空堀（からぼり）のこと。羊などの家畜が、牧草地から邸宅側に侵入するのを防ぐものだ。柵などを作るほうが労力の点でずっと楽なはずだが、景観としては目障りだ。風景式庭園は広がりのある空間が重要であり、それを遮断しない画期的な工夫である。奇妙な呼び名については、堀があるのを知らずに近づいた者が「ハーハー」と感嘆の声を上げたのが由来という説もある。

庭園情報 Sezincote

http://www.sezincote.co.uk/

開園は1月から11月までの木曜、金曜日と祝日。時間は14時から18時。5月から9月までは邸宅内部の見学も可（時間は14時30分から17時30分）。ロンドンからの列車が発着するモートン・イン・マーシュから約4km。駅からタクシーで。

6

ボートン・ハウス・ガーデン

Bourton House Garden

シージンコット（40ページ）と、バッツフォード・アーボリータム（52ページ）の間にあるのが、ボートン・ハウス・ガーデンだ。前者はインド風、後者は日本風だが、ここが中国風という落ちはない。20世紀後半に造られた典型的なイギリス庭園で、邸宅の周りを雰囲気の異なる小庭園が囲んでいる。

トピアリーと呼ばれる、造形的に刈り込んだ生け垣に沿って進み、白い花が咲く小径を戻る。両脇に続く花壇の、鮮やかな色彩に目を奪われながら、さらに庭園の奥に導かれていくと、足元の花々から一転して、遠方を眺める広い空間へ出る。緑の芝生の先は紫色の花壇が境界を描き、その向こうには周辺の牧草地が広がっている。

庭園は邸宅とともに古くから存在したが、20世紀中頃から何度も所有者を変えるうちに荒れ果ててしまった。１９８３年、ここを購入したペイス夫妻によって手が入れられ、美しい庭園として復活した。２００６年、国内の優れた庭園に贈られる「HHA/Christie's Garden of the Year」を受賞し、一躍有名庭園となった。

庭園情報にも記したが、ここはロンドンから鉄道で訪れるのに不便ではない。庭園にはティールーム、隣接するボートン・オン・ザ・ヒル村にはパブもある。３つの庭園巡りで１日を過ごすプランも考えられそうだ。

上／季節を通して白い花が咲く「ホワイト・ガーデン」。中央にハスの池があり、シラサギの模型が置かれている。
右下／芝生の庭「メイン・ローン」にあるボーダー（160ページ）の10月の様子。ヘレニウム、ダリア、ペンステモンなど、配色がすばらしい。

左下／「メイン・ローン」は邸宅の南側にあり、周囲をボーダーや花壇が囲んでいる。10月に撮影。

右／「ホワイト・ガーデン」から邸宅へ。18 世紀初め頃に再建された邸宅は、300 年を経ても変わらない。

下／「メイン・ローン」を囲む南側花壇の 6 月の風景。この花壇の南側には約 8400 坪の放牧地が広がる。

石壁に沿わせて果樹を育てるエスパリエという技法。日光で温められた石壁の熱でリンゴが実る。

庭園の手入れをする庭師たち。邸宅周辺の庭園部分は約 3600 坪ある。

庭園入口の建物はタイズ・バーンと呼ばれる 16 世紀の納屋。ここにティールームがあり、庭園でお茶とケーキを楽しめる。

邸宅の壁に沿わせて育てられたピラカンサの赤い実に、ラバテラのピンクと、フクシアの赤が共演する。

庭園最大の見所であるノット・ガーデン（次ページ）。ペイス夫妻が、中国の格子柄の家具をヒントに造ったもの。

トピアリーとノット・ガーデンについて column

ツゲやイチイの木を、動物や幾何学的な立体形に刈り込んだものをトピアリーと呼ぶ（左上・左下）。自然を思うままに操りたいという欲望の表れで、古くから存在する技法のひとつといわれる。日本の盆栽もトピアリーの一種ととらえることもでき、ルーツは同じなのかもしれない。左下写真のような螺旋のものは、最も複雑な形のひとつで、庭師の技術が試される形だという。

同じく、ツゲなどを刈り込んだものだが、背の低い生垣で平面的な模様を描いたものを、ノット・ガーデンと呼ぶ（右）。16世紀以降イギリスで発達した、古くからある手法のひとつだ。ノット（knot）とは結び目のことで、ヒモを結んだ模様のように見えるものもある。写真は、スードリー城（72ページ）のもの。

庭園情報 Bourton House Garden

https://www.bourtonhouse.com/

開園は4月から10月末までの火曜から金曜日。時間は10時から17時。ホームページで確認を。ロンドンからの鉄道があるモートン・イン・マーシュから約3km。バッツフォード・アーボリータム、シージンコットへは各1km程。

7

バッツフォード・アーボリータム

Batsford Arboretum

林のなかを流れる細い小川に沿って、緩やかな上りの小径が続く。晴天の汗ばむ陽気だったが、周囲の木々が作る木陰は心地よかった。小川のせせらぎに耳を傾け、木漏れ日に輝く川面や周囲の草葉の緑を楽しみながら、しばらく登って行くと、日本の太鼓橋を模した朱塗りの小さな橋が見えた。

日本を意識したこの庭園が造られたのは19世紀の終わり頃。日本に外交官として駐在していたアルジャーノン・バートラム・フリーマン・ミットフォードによるものだ。当時は、日本など東洋の自然風景のような庭園だったといわれる。園内には仏像や石灯籠などのほか、お堂のような建築物が残っているが、第二次大戦の頃に荒廃し、かつての様子とはだいぶ異なるようだ。

ミットフォードは植物に関心を持ち、サクラやモミジなど東洋の植物が多数植えられた。有名なのがタケのコレクションで、園内各所にタケの群生を見ることができる。タケはイギリスに自生しないため、当時は未知の植物だった。ミットフォードは、そんなタケに興味を抱き、『竹の庭』という著書で、その不思議な性質だけではなく、タケにまつわる習慣なども紹介している。

ミットフォードが日本に滞在したのは、ちょうど幕末から明治維新にいたる時代。彼が30歳前後のことだ。晩年に日本を想わせる庭を造ったのは、若い頃を過ごした忘れがたい土地だったからに違いない。

ミットフォードが庭園とともに建てた邸宅。息子が相続するが、経済的に維持できなくなり、1918 年に売られ、現在は個人が所有。

庭園は樹木園になっており、タケを始め約 3000 種類の植物が育てられている。

園内にある擬似和風の小建築物。内部は展示室と休息所になっている。

林の中にあるブロンズの仏像。数頭のシカの像もある。

庭園情報 Batsford Arboretum

http://www.batsarb.co.uk/

開園はクリスマスを除く毎日。時間は 9 時～ 17 時（日曜・祝日は 10 時～）。事前にホームページで確認を。ロンドンからの列車があるモートン・イン・マーシュから約 2.7km。タクシーまたはパブリック・フットパス（牧草地の遊歩道）を歩く。

ティザンズ・ティー・ルームズ
Tisanes Tea Rooms

美しいブロードウェイの通りでも、このティールームはひときわ目を引く。大きな出窓とフラワーバスケット、夏には店頭でアイスクリームの販売もしている。この村を訪れたことがある人ならば、「覚えている」とか「入ったことがある」と言って話題になることだろう。17世紀の古い建物だが店内はモダンで、明るい雰囲気。スコーンや、自家製の伝統的なケーキ、サンドイッチが手頃な値段で楽しめる。オーナーのトレーシーさんは、ロンドンの老舗紅茶店ウィタードに勤めていた紅茶の専門家。紅茶の種類は豊富で、茶葉の販売もしている。

上／自家製ではないがジャム（£3～）や地元産のハチミツ（£5.50）、ちょっとした土産物も扱う。
下／2階で袋詰めしているという茶葉は36種類販売されている。アールグレイやアッサムなど125g入りで£5。

上／伝統的なベイクウェル・タルト（£3.30）とクリームティー（£2.80）。三段トレイで出されるアフタヌーンティー（£12.50）も12時から16時30分まで注文できる。
中／自家製のキャラメル・スライスなどは£2.10。フラップジャックやショートブレッドなどは£1.50。
下／日替わりスープ（£4.70）、サンドイッチ（£4.40～）などの軽食もあり、気軽に立ち寄れる店だ。

Tisanes Tea Rooms
住所：Cotswold House,
21 The Green, Broadway,
Worcestershire WR12 7AA
電話：01386 853296
営業：10時から17時
http://www.tisanes-tearooms.co.uk

ザ・リゴン・アームス
The Lygon Arms

シャンパンが付くクラシック・アフタヌーンティーは £35。写真は二人分。シャンパンなしは £25。
アフタヌーンティーは毎日 14 時 30 分から 17 時 30 分まで。要予約。

ここは、コッツウォルズでもっとも有名なホテルと言っても過言ではないだろう。１９５０年代以降の黄金時代には、世界的に著名な俳優や政治家などが続々と訪れ、芳名帳にはビッグネームが並んでいた。20世紀初めには、国王エドワード7世が訪れ、歴史をもっと遡って17世紀の清教徒革命の内乱時代には、議会派を率いたオリバー・クロムウェルが、王統派を倒したウスターの戦いの前夜、ここに投宿したという記録が残っている。その歴史ある建物は、一歩踏み込めば別世界のようだ。石畳のうねった床に、黒光りした柱や梁に囲まれたロビーがあり、冬場なら暖炉の薪が音を立てている。

上／ホテル裏手の中庭の奥にある庭園。約 3600 坪の敷地には、庭園、プール、クローケー場などがある。
下／バーカウンターがある広いラウンジは、明るい中庭に面し、ティールームとしても利用できる。

アフタヌーンティーの生菓子。手前はチョコレートの枠にココナッツクリームを詰め、柑橘類のジャムをアクセントに添えた一品。内容は季節ごとに変わる。

上／1階のロビーには、写真のような広いものと、奥に見えるようなこぢんまりとした小部屋がいくつもある。

中／ジュニアスイートの客室（£410 〜）。内装はすべて異なり、クラシックルーム（£290 〜）など客室は全部で 86 室ある。

下／レセプション裏の小部屋に並ぶブーツ。周辺のパブリック・フットパス（牧草地の遊歩道）でウォーキングを楽しむのに利用できる。

The Lygon Arms
住所：High Street, Broadway,
Worcestershire WR12 7DU
電話：01386 852255
https://www.lygonarmshotel.co.uk/

8

スノーズヒル・マナー

Snowshill Manor

正直なところ、ここは庭園よりも邸宅、それも陳列されている雑多なコレクションが有名である。１９１９年、この邸宅を購入したチャールズ・ウェイドは、手工芸品の収集に没頭した。邸宅は屋根裏までコレクションで埋め尽くされたが、集めたのは骨董品ではなく、あくまで優れた手工芸品。その中には日本の甲冑も含まれていた。

多様なコレクションが展示される邸宅。そこから庭園に出ると、目の前に広がる風景にほっとする。庭園は緩やかな傾斜地にあり、斜面を階段状にして平らな土地を設け、それぞれに趣の異なる小さな庭園が造られている。遠方には、谷の向こう側にある丘陵の風景が広がる。

かつて、邸宅の室内はもっと煩雑で、整理の悪い民俗資料館のようだった。たぶん10年程前の改修工事だろう、現在は整った展示になっているが、以前の雑然とした雰囲気はウェイドのオリジナルに近かったと思われる。混沌とした薄暗い邸宅と、整然とした開放感のある庭園。異なる空間を作ったウェイドにとって、芝生の敷かれた庭園の小部屋も、コレクションで溢れた邸宅の部屋もくつろぎの場所だったにちがいない。

右上／牧草地に咲くセイヨウサンザシ。イギリスではメイフラワーと呼ばれ、コッツウォルズでも、5 月になるとよく目にする。
右下／壁に囲まれた庭園の門を入った辺り。黄色いヒペリカムや青色のカンパニュラ、ジギタリスなど色彩豊か。
左上／庭園は邸宅西側にあり、谷間の緩い傾斜で眺めがよい。右側奥の建物はダブコット（鳩小屋）。
左下／邸宅と庭園は村の中心部にあるが、敷地の入口は村の北端にある。入口から邸宅まで、緑に包まれた園内を 400m 程歩く。

壁に囲まれた邸宅西側の庭園に隣接する、果樹園の小道。壁際はルピナス、グラジオラス、セイヨウオダマキ、ルナリア、シャクヤクなどが植えられたハーベイシャス・ボーダー（160ページ）。

紅茶文化が造った庭園 column

イギリスの紅茶に必要なものは、茶葉とミルクと、そして砂糖。酪農が盛んなイギリスではミルクは容易に入手できるが、茶葉と砂糖はかつてどちらも生産できなかった。植民地だったインドと、大西洋を挟んだ西インド諸島から、それぞれ輸入していた。砂糖はかつて日本でも貴重な品だったように、イギリスでもたいへん高価だった。紅茶が庶民の飲み物となり、砂糖の需要が高まると、砂糖の生産は大きな利益を生むようになった。

さて、スノーズヒル・マナーを購入したチャールズ・ウェイドだが、その資金は、西インド諸島で砂糖を生産するプランテーションを経営していた父親の遺産だった。多額の相続により、ウェイドは手工芸品のコレクションに没頭し、庭園を造ることができたということになる。この庭園は砂糖、つまり紅茶文化によって造られたといえるだろう。

庭園は緩やかな斜面にあるため、階段状のテラスにして、小区画に異なる雰囲気の小庭園を造っている。

庭園の一角に飾られている24時間計。「ウェイド・ブルー」と呼ばれる鮮やかな青色に塗られている。

ダブコットの白い鳩。下の案内板には、「このダブコットには380羽の鳩を飼うことができる」とある。

庭園と村の教会。庭園はアーツ・アンド・クラフツの建築家マッケイ・ヒュー・ベイリー・スコットによって設計された。

庭園情報 **Snowshill Manor**

https://www.nationaltrust.org.uk/snowshill-manor-and-garden

開園は3月中旬から11月下旬。時間は午前11時から17時30分だが、月によって異なるので事前にホームページなどで確認を。ブロードウェイ村から約4km。緩やかな上りなので、行きはタクシー、帰りは徒歩というのもよいだろう。

column

NGSの公開庭園

多くの人々で賑わう村。村はずれに特設の無料駐車場が設けられる。

NGSを象徴する黄色の案内板。村内や沿道に掲げられる。

コッツウォルズの北部にスタントンという村がある。商店はなく観光地化されていないが、戸口や窓辺に花々が咲く石造りの古い住宅が並び、コッツウォルズ屈指の美しさがある。通りに人影はなく、馬に乗った乗馬クラブのメンバーが、時折通り過ぎるのを見かけるくらいだ。

　そんな静かな村が、毎年6月中旬の日曜日、多くの人出で賑わう。普段見られない個人宅の庭を、一般公開するイベントがあるからだ。主催するのはNGS（ナショナル・ガーデンズ・スキーム）と呼ばれる慈善団体だ（66ページ）。特定の個人宅が庭を公開するのが一般的だが、スタントンは村全体で公開しており、2018年は15軒が参加した。

　個人宅の庭を見て歩く機会はめったにない。通りに面した石壁の向こうに色とりどりの花が咲く庭があり、飾り気がないと思っていた家の裏側に、鉢植えやツル性植物を配した居心地のよさそうなテラス風の庭があった。近郊の町から訪れていた年配の家族も、「一度にこれだけ多くの庭を6ポンドで見られるのはお得だからね」と語っていたが、公開していた3時間ではとてもすべて見ることはできなかった。

尖塔を借景にした、村の教会に隣接する家の庭。

普段は入れない、茅葺き屋根の長屋の庭。

庭を公開しない家も、ドアの飾り付けにはひと工夫。

村の通りでは、苗などの販売も行われる。

村の建物は、コッツウォルズらしい
赤褐色の石灰岩で造られたもの。

プライベート・ガーデンを見るならNGS

ナショナル・ガーデン・スキーム（NGS）は、1927年に設立されたイギリスの団体だ。イングランドとウェールズにある、おもに個人宅の庭園を一般公開し、そこで集めた入場料を看護医療などを行う組織に寄付している。母体は19世紀後半に、訪問看護のために発足した団体で、寄付金集めに苦心し、思いついたのがこの方法だったという。庭園を公開して寄付を募るという発想は意外に思え、それで集められると想像できることが、イギリス人の庭好きを証明しているようでおもしろい。

公開する庭園は一般家庭のものに限らず、普段から公開をしている大規模な庭園も含まれている。活動に賛同する庭園は、団体の審査を受け、規模や内容が十分と判断されると、公開リストに登録される。インターネットでも公開日を告知しているが、「イエローブック」と呼ばれるガイドブックを毎年発行している。この2018年版によると、コッツウォルズの中心部を含むグロスタシャー州では、74箇所の庭園が掲載されている。「グループ・オープニング」といって、スタントン村のように、数軒のグループで庭を公開するものもある。

公開日は6月が最も多く、年一度や特定の曜日などさまざまだ。旅程と照らし合わせながら、行ける庭園を探してみるとよいだろう。ほとんどの庭で、紅茶やケーキを楽しむことができる。オーナーも、丹精した庭の公開をイベントとして楽しんでおり、和やかな空気に包まれている。

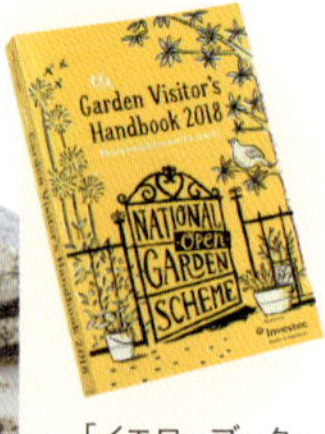

「イエローブック」と呼ばれる『The Garden Visitor's Handbook』の2018年版。

個人宅の公開庭園にて。村の主婦たちによるホームメイドのケーキも楽しめる。

Topic

コッツウォルズで出会ったスイーツたち

花と緑に囲まれた空間で、上質なスイーツを楽しめるのもコッツウォルズの魅力。ここではティールームでよく見かけるイギリス菓子の一部をご紹介。

＊プディング＊

ソースとともにいただくイギリス伝統の蒸しケーキ。

＊ビクトリアスポンジケーキ＊

女王の名を冠した、イチゴジャムをはさんだスポンジケーキ。

＊チョコレートブラウニー＊

イギリスではパン屋でも見かける人気の焼き菓子。

＊ベイクウェルタルト＊

イギリス中部ベイクウェルという町発祥のアーモンド風味のタルト。

＊レモンドリズルケーキ＊

レモンシロップがたっぷり染み込んだパウンドケーキ。

＊ヘーゼルナッツメレンゲ＊

香ばしいメレンゲと甘酸っぱいラズベリークリームの組み合わせ。

＊カップケーキ＊

砂糖菓子で飾られたカップケーキは大人気。これはレモン味。

＊キャロットケーキ＊

ティールームでは必ず見かける。ニンジンの自然な甘さが魅力。

＊ストロベリータルト＊

フレッシュなイチゴとまろやかなミルククリームのタルト

＊コーヒー＆ウォルナッツケーキ＊

クルミ入りスポンジとコーヒークリームを重ねたほろ苦い味わい。

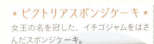

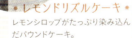

9

スタンウェイ・ハウス

Stanway House

スタンウェイ村を初めて訪れたのは、90年の2月頃だったと思う。サッチャー政権末期、高い失業率と不景気で、コッツウォルズの村々も今のような明るい雰囲気はなかった。しかも、冬のどんよりとした曇り空。霧に包まれた田舎道の曲がり角に、17世紀初めに造られた、スタンウェイ・ハウスの豪華なゲートハウスが、突然姿を現したのを覚えている。中には入れなかったが、当時庭園は荒廃し、修復調査が始まったばかりだったと後から知った。

庭園はその後、訪れるたびに少しずつ修復されている。もとは１７２０年代に造られたもので、階段状に小さな滝が連続する、カスケードと呼ばれる技法が見られた。まだ一部が修復されただけだが、邸宅を見下ろす丘の上に池があり、ここから流れ出る水が階段状の傾斜を１９０m程下っていた。丘陵の斜面をうまく利用した技法といえる。

２００４年、この地形を活用した仕掛けが、もう一つ作られた。高さ約91mの、動力を使わない噴水だ。原理はジョウロと同じで、上に貯めた水が下のノズルから出ると噴水になるというもの。丘の上の水源から、地下に埋設した導管を勢いよく流れ下った水が、丘陵下に設置したノズルから一気に吹き上がる。高低差を利用した噴水としては、世界一の高さという。

奥に見えるとんがり屋根の建物「ピラミッド」に池があり、カスケードはそこから噴水のところまで、下っていたといわれる。

右は16世紀に建てられたタイズ・バーンと呼ばれる巨大な納屋。奥は邸宅で、現在居住しているが内部を見学できる。

初夏にキショウブが咲く「ポンド・ガーデン」。庭園は風景式庭園の草創期に活躍したチャールズ・ブリッジマンによるものとされる。

カスケードと噴水 column

傾斜地を階段状にして水を流し、短い滝を連続させたものをカスケードと呼ぶ。傾斜地が多いイタリアで様式化され、同じような地勢のイギリスでも取り入られるようになった。きれいな階段状になっているものもあれば、自然の滝のようにごつごつとした岩場のものもある。

同じように水を使った演出である噴水。重力を使ったものは古くからあり、ローマ時代の庭園にも見られたという。

噴水は自然に逆らった現象で、自然を制御しようとする古典主義的な手法。一方でカスケードは、自然現象に沿ったもので、自然主義的な風景式庭園にも見られる。

上／スタンウェイ・ハウスの、カスケードがあったと思われる場所。修復が進められている。
中／チャッツワース・マナー（ダービシャー）の庭園にある、階段状のカスケード。スタンウェイ・ハウスのカスケードも、このようなものだったかもしれない。
右下／ボーウッド・ハウス（コッツウォルズ南部近郊）の庭園にある岩場風のカスケード。

庭園情報 Stanway House

http://www.stanwayfountain.co.uk/

開園は6月から8月までの火曜と木曜日。時間は14時から17時。噴水は14時45分と16時の2回で各30分間（天候によって中止も）。本数は少ないが、チェルトナムからローカルバス。また、保存鉄道（GWSR）トディントン駅約1km。

10

スードリー城

Sudeley Castle

鉄道廃線跡といえば今では何のことか理解してもらえるが、30余年前、僕が学生だった頃はそうはいかなかった。廃墟の風景が好きで廃線跡を撮ったりしたが、工事の写真かと皮肉られたものだ。それが、イギリスに来て勇気づけられた。すでに18世紀、貴族の中には、わざわざ廃墟を模した城を造り、その風景を楽しむ、いわば廃墟好きがいたのだ。

当時スードリー城も廃墟だった。中世に建てられたが、17世紀の清教徒革命で破壊され、野ざらしにされていた。19世紀、これを購入したのが、手袋製造会社を経営していたデント兄弟。たぶん廃墟好きだったのだろう。かつての城の様子を描いたデッサンには、草が生い茂る中に崩れた城の石壁がそびえているだけだった。

城はその後、孫娘のエマ・デントの手に渡り、居住できるまでに整備された。庭園もしたがって、中世の庭というわけではなく、19世紀以降に造られたものだ。城を背景にした整形式庭園はその代表で、コッツウォルズでは珍しい。というのも、この地方はウェールズとの国境に近いにもかかわらず、ほとんど城がないからだ。廃墟の石壁にツル性植物をはわせたり、崩れた壁の一部をオブジェのように見せるなど、歴史的遺産をうまく利用した庭園といえるだろう。

6月のバラが美しい、メインの庭園「クイーンズ・ガーデン」。奥は王妃キャサリン・パーが眠るチャペル。

チャペルにあるステンドグラス。キャサリン・パーを中心に、右にヘンリー8世、左にトーマス・シーモアが描かれている。

チャペルの北側にある小庭園のボーダー（160ページ）。6月は赤いダリア、黄色いエレムルス、白いカンパニュラなどが咲く。

ヘンリー8世の最後の妃 キャサリン・パー column

意に添わぬ家臣や王妃を処刑した、暴君という印象があるが、イギリスで人気の国王として、上位にランクされるヘンリー8世。最初の王妃と離婚したいがために宗教改革を行い、最終的に6人の妃と結婚している。その最後の妃だったキャサリン・パーは、ヘンリー亡き後スードリー城に移り住んだ。当時この城の所有者だったトーマス・シーモアと、ヘンリーの死後わずか4ヵ月にして結婚したからだ。トーマスとは、ヘンリーとの結婚前から恋愛関係にあったともいわれている。しかし、穏やかな生活は、長くは続かなかった。キャサリンは娘を出産した直後、産後熱であっけなく他界してしまう。半年後、トーマスは国王エドワード6世に対する反逆罪に問われ、その年のうちにロンドン塔で処刑された。キャサリンの亡骸は、城内のチャペルに埋葬されている。

宴会場の廃墟と、1995 年に造られたノット・ガーデン（51 ページ）。エリザベス I 世のドレスの模様をヒントに造られた。

タイズ・バーンの廃墟を利用した庭園。タイズ・バーンは、「十分の一税」と呼ばれた、教区民から徴収した穀物などを保管した納屋。

タイズ・バーンの廃墟からの眺め。

クレマチスとツルバラがからむ、タイズ・バーンの庭園の一角。

庭園情報 **Sudeley Castle**

https://sudeleycastle.co.uk/

開園は 3 月初旬から 10 月末までの 10 時から 17 時。入場が規制されることがあるので、ホームページで確認を。ウィンチカム村に隣接しているが、施設入口までは歩いて 10 分程。ウィンチカム村には、チェルトナムからローカルバス。

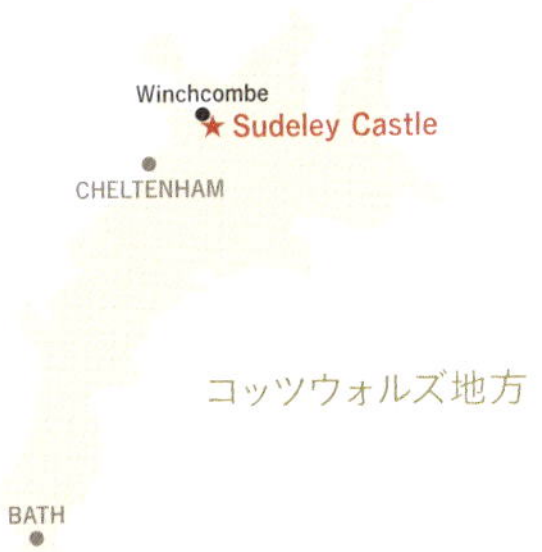

ローズ・オブ・ザ・マナー

Lords of the Manor

Manor house hotel

コッツウォルズ北部のマナーハウスホテルといえば、筆頭にあげられるのがここ。17世紀中頃に建てられた邸宅を、1972年に改装してホテルにしたもので、広い庭園を見下ろす静かな環境にある。敷地はアッパー・スローター村に隣接するが、この村自体が静かで、パブはおろか商店もティールームもない。そのため、訪れるのは、このホテルの滞在者か、コッツウォルズ観光でも、すでに有名どころでは飽き足らなくなった人々といったところだ。田舎の静かでのんびりした空気と、上品なアフタヌーンティーを味わうには最適な場所だろう。

庭でいただくフル・アフタヌーンティー(£27.50)。紅茶は9種類から選べる。12時から17時30分(日曜は15時～)要予約。

左上／約１万坪の広い庭園は、近年徐々に整備され、自然風景式の広々としたエリアや、花壇が美しい区画などがある。
左下／ホテルの裏側にある庭園。アッパー・スローター村の教会と石造りの民家を借景にしている。

右上／１階の奥にあるサロン。庭に面して明るく、ここでアフタヌーンティーを楽しむこともできる。
右下／邸宅部分の客室や、納屋を改装した宿泊棟などがあり、内部の雰囲気はさまざま。料金の目安は £250 から。

Lords of the Manor
住所：Upper Slaughter,
Gloucestershire GL54 2JD
電話：01451-820243
http://www.lordsofthemanor.com

朝食のフル・イングリッシュ・ブレックファスト。レストランではコースディナーも提供されている。

ベーカリー・オン・ザ・ウォーター
Bakery on the Water

Tea room

コッツウォルズでも屈指の観光村として知られるボートン・オン・ザ・ウォーター。ここに数年前にオープンして以来、観光客はもちろん、保守的な地元の人々にもたちまち人気となった自家製パンとケーキの店だ。なるべくコッツウォルズ産の材料を使うことと、アルティザン（職人）であることを心がけており、昼食時には列ができることもある。店内のカフェで、職人さんたちの仕事ぶりを眺めながら、ケーキとお茶を楽しむのも、テイクアウェイした軽食を小川沿いの芝生で楽しむのもよいだろう。

上／焼きたてのパンが棚に並ぶ店内。パンは持ち帰りにして、紅茶（£2.20）やコーヒー（£2.30）だけ飲むこともできる。
左／クリームティー（£5.50）。スコーンは大きめで、表面はカリッとして薄く、中はふんわり柔らかい。

Bakery on the Water
住所：1 Sherborne Street,
Bourton-on-the-Water,
Gloucestershire GL54 2BY
電話：01451-822748
営業：8時から16時
http://www.bakeryonthewater.co.uk

上／ショーウィンドーの陳列。パンは地元コッツウォルズ産、バゲットはフランス産の小麦粉を使っている。

中／コッツウォルズ産の卵とホウレン草を使った人気のキッシュはサラダ付きで£6。

下／フルーツタルト（£3.60）は生クリームにイチゴなど3種類のフルーツがのっている。

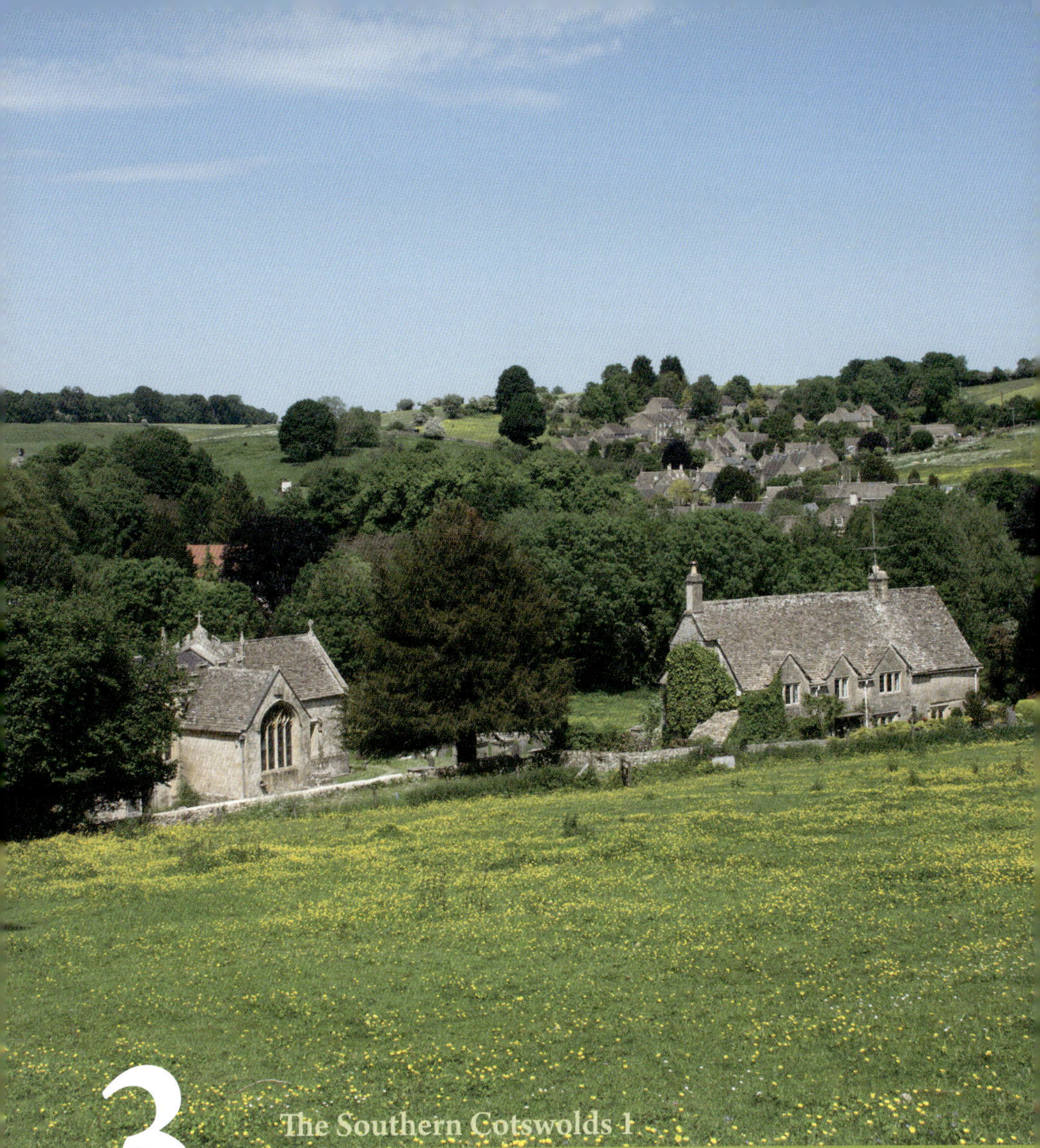

3章 サザーン・コッツウォルズ 1

The Southern Cotswolds 1

ストラウド、サイレンセスター、テットベリー周辺

11 バーンズリー・ハウス

Barnsley House

現在ホテルになっているバーンズリー・ハウスは、17世紀に建てられた邸宅だ。かつてここの住人だったローズマリー・ベリーは、20世紀後半を代表する造園家として知られ、このホテルの庭はベリーの庭園として名高い。

ベリーが夫と４人の子供とともに、この邸宅に移り住んだのは１９５１年のこと。造園の経験などない素人だったが、１９６１年から庭をいじり始め、約30年かけてこの庭園を造り上げた。

約５０００坪という、比較的小規模な庭園にもかかわらず、十分な広がりと充実感を味わえる。植物が繁茂する小空間と芝生の広場の対比や、生け垣や並木によって生まれる遠近感、そして、変化に富んだ構成などによるものだろう。

僕が初めてこの庭園を訪れたのは、１９９０年代だった。ベリーがまだ健在だった頃だが、あいにく休園日。次に行ったのは今世紀に入ってからで、すでにホテルになっていて、見ることができなかった。間の悪さは続く。数年前、運よく仕事で宿泊する機会に恵まれたが、有名なキングサリの回廊は、病気でほとんど花をつけていなかった。新しい樹木が植えられ、それが花をつけるまで、数年かかるという。いずれ優雅に宿泊できる身分となって、この花を心ゆくまで堪能したいものだ。

庭園の手入れは、ベリーとともに庭園を管理していた庭師と、そのスタッフによって行われている。

ホテルの庭先で見かけた猫。

「テンプル」と呼ばれる小建築物と池の庭。池の周囲にもテーブルとイスが設けられており、カラーやハス、ショウブが楽しめる。

池から見た「グラス・ウォーク」。園内で最も長い眺望がある。右側は花壇、左側は並木になっている。突き当たりは小さな噴水。

チャールズ皇太子は 1986 年にこの庭園を訪れた。コッツウォルズにある自らの所領ハイグローブに庭園を造る際、ベリーの助言を受けている。

邸宅の脇にある、ノット・ガーデン（51 ページ）。ヒモの結び目（ノット）のような、柔らかいデザインだ。

幾何学的に区切られ、見た目にも美しい菜園。自然農法で造られた野菜が、レストランの料理の素材となる。

クローケーという球技のための広場「クローケー・ローン」。園内で一番広い空間。

庭園情報 **Barnsley House**

http://www.barnsleyhouse.com/

ホテルの庭なので、基本的に常時開園しているが、ホームページや電話で事前に確認を。宿泊やダイニングでのホテル利用者以外でも £10 で見学可。コーヒーまたは紅茶とビスケット付き。サイレンセスターとバイブリーの中間にあり、バイブリーから約 4km。

バーンズリー・ハウス
Barnsley House

Manor house hotel

イギリスの庭園は、花々が咲く春から夏にかけて人気がある。そのため、庭園の多くは、晩秋から冬場にかけて閉園し、夜は当然閉まっている。早朝や夜間のひんやりとした空気や、冬場の枯れた庭園を楽しんでみたいと思っても、なかなかできるものではない。それがこのホテルなら、宿泊すれば可能だ。マナーハウスの優雅な雰囲気を味わいながら、庭園でアフタヌーンティーを楽しみ、夕食後や朝食前など、気が向いたときに庭を散歩する。イギリス屈指の名園を、まるで自宅の庭のように楽しんでみてはいかがだろう。

クラシック・ティー（£20.50）。シャンパン付きは£31。時間は15時から17時（日曜日は16時から）。要予約。こちらのケーキスタンドは通常と異なり、スコーンが一番上。取りやすいからとのこと。

ラウンジとして利用できる小部屋がいくつかあり、バーを併設したものも。

邸宅部分 1 階にあるレストラン。庭の菜園で収穫された新鮮な素材と地元の食材を使った料理が楽しめる。

邸宅部分 2 階の客室から眺めた庭園。この風景は宿泊しないと見ることができない。

上／邸宅部分 2 階の客室。厩舎を改装したメゾネットタイプの客室や、小さな庭付きの客室などもある。宿泊料金は £319 から。
下／邸宅部分 2 階にあるデラックス・ガーデン・ルームのバスルーム。窓からは庭園が眺められる最高のロケーション。

朝食の一品。ベジタブル・ハッシュ・ブラウン、卵とホウレンソウ添え。

Barnsley House
住所：Barnsley, Cirencester,
Gloucestershire GL7 5EE
電話：01285 740000
http://www.barnsleyhouse.com/

12

ザ・ガーデン・アット・ミザーデン

The Garden at Miserden

　ミザーデン村といえば思い浮かぶのが、三叉路の中央に1本の大きな木が立ち、その幹の周りをベンチがぐるりと囲んでいる風景だ。ベンチの上には六角形の屋根があり、6本の柱で支えられている。まるで庭園で見かける休憩ポイントのようだ。

　この三叉路は村の中心にある。小さな村で、三叉路の道も車が1台通れる幅しかない。周辺には数軒の民家と、パブ、教会がある。村はこれですべてかと思っていたが、近年になって庭園があることを知った。それまであまり公開されていなかったザ・ガーデン・アット・ミザーデンだ。

　庭園は、17世紀に建てられた邸宅の周囲に広がる。丘陵の穏やかな風景を見渡す広大な庭園だが、そのほとんどは自然の林。見るべきは、壁に囲まれた「ウォールド・ガーデン」など、邸宅周辺の庭だろう。なかでも、「ミクスト・ボーダーズ」の豪華な花壇がすばらしい。１００ｍ程あると思われる、真っすぐ伸びる芝生の通路の両側に、多年草やツル性植物、バラなどが植えられており、鮮やかな色彩のコンビネーションに圧倒される。

　帰りがけ、村のパブに立ち寄った。店番の女性に村のことを尋ねると、邸宅の所有者は、この村の大家でもあるという。村は広大な庭園の一部ともとらえられ、三叉路の大きな木の風景が、どこか庭園風であっても不思議ではない。

地元の石灰岩で建てられた邸宅は、コッツウォルズのマナーハウスらしい雰囲気がある。内部は公開されていない。

「ウォールド・ガーデン」の中央を貫く通路。これを軸に、庭園は左右対称になる古典的な構成。正面奥は噴水の広場。

「ミクスト・ボーダーズ」の春の風景。ポピーやルピナスなど多年草で構成されたハーベイシャス・ボーダー（160ページ）だ。

「ミクスト・ボーダーズ」の秋の風景。秋にこれだけ美しいボーダーを見られるところは、それほど多くはない。

邸宅と「ウォールド・ガーデン」の外側に広がる林の小道。庭園は約100万坪の敷地内にある。

庭園入口近くに、20世紀初め頃の温室を利用したカフェがある。紅茶やコーヒー、ケーキ、軽食などが楽しめる。

「ウォールド・ガーデン」にある、サマー・ハウスと噴水の庭。1999年に造られ、八角形のサマー・ハウスは敷地内の石材で建てられた。

庭園情報 **The Garden at Miserden**

https://www.miserden.org/garden/

開園は月曜日を除く毎日。時間は10時から17時。詳細はホームページで。チェルトナムから約15km。ロンドンからの列車が止まるストラウドからは、日曜日を除き1日1往復のローカルバスで約30分。

13

ペンズウィック・ロココ・ガーデン

Painswick Rococo Garden

　ペンズウィックは、馴染みの村だ。コッツウォルズの西にあるチェルトナムという町に滞在していた頃は、自転車で行くこともあった。しかし、この庭園を訪れるようになったのは、ここ数年のこと。庭園が村から少し離れていることもあったが、長年修復の途上にあったからだ。

　庭園は１７４０年代に造られ、その後荒廃し、１９８４年から修復が始められた。きっかけとなったのは、造園当時の様子がわかる庭園の絵だった。一説には、デザイン案として描かれたものといわれる。

　ロココは18世紀中頃に流行した、建築や家具などの様式で、曲線を多用するのが特徴だ。しかし、ロココ・ガーデンというと、この印象とはちょっと違う。当時流行し始めていた風景式庭園は、広大な敷地を必要とした。比較的狭い土地では造園が難しく、そこで造られたのがロココ・ガーデンだった。それまで主流だった幾何学的な庭園に、風景式庭園にも登場する風変わりな小建築物なども加えた、ごった煮的庭園といったところだ。

　１９９３年に出版された現地のガイドブックには、「修復の完成にはほど遠く、庭園の痕跡に、入場料を払うかは趣味の問題」とある。廃墟の庭園など、そう見られるものではない。修復がほぼ完了し、美しく整備された庭園を歩くと、一度くらい見ておくべきだったと後悔する。

下／「レッド・ハウス」からの眺め。この建物は左右非対称で、ロココの典型的なデザイン。左／庭園の奥にある朱色の小建築物「レッド・ハウス」と、そこに向かって真っすぐに伸びる通路が、長い距離の眺望（ヴィスタ）を形成している。

邸宅と同時に建てられた「ピジョン・ハウス」。実際に鳩の飼育に使われたもので、園内で唯一実用的な建築物。

庭園の広さは約 7200 坪ある。高い生け垣などで区切られておらず、池があり林がある、自然風景に近い構成だ。

「イーグル・ハウス」と呼ばれる小建築物。フォリーもしくはアイキャチャー（135 ページ）だろう。土台しか残っておらず、再建に苦労したという。

入口近くから俯瞰した庭園。アイキャッチャーとなっている白色の建造物はエクセドラと呼ばれ、古くは哲学などの議論の場を象徴した。

上の写真の左隅あたりにある菜園の様子。庭園の中央に広い菜園があるのは珍しい。

1998年に、庭園の絵が描かれた250年を記念して造られたメイズ（迷路）。「250」の文字を描き込んだデザインは、村に住む女性によるもの。

庭園情報 **Painswick Rococo Garden**

http://www.rococogarden.org.uk/

開園は1月中旬から10月末まで毎日。時間は10時30分から17時。ペンズウィック村には、ローカルバスで、ストラウドから約10分、チェルトナムから約30分。鉄道利用ならストラウド、長距離バスならチェルトナムが便利。村から約1km。

カフェ・アット・ロココ

Cafe @ Rococo

Tea room

庭園を散策したあとは、お茶を飲んだり、ケーキなど甘い物を口にしたくなるもので、ティールームやカフェを併設している庭園は多い。しかし、自家製のケーキ類や、菜園で収穫した野菜を使った軽食が楽しめるところとなると、数は限られる。このペンズウィック・ロココ・ガーデンのカフェは、そのひとつだ。その日に厨房で焼いたスコーンやケーキがショーケースに並び、ランチの時間となると、ひときわ混雑する。というのも、このカフェは庭園に入場しなくても利用することができ、食事目的で訪れる人もいるからだ。

上／自家製のコーヒースポンジ（£2.70）とカフェラテ（£2.45）。レモンドリズルやビクトリアンスポンジなどもある。クリームティーは £5.10。
下／左から、地元産のピクルス（£3.45）、ジャム（£3.45）、ハチミツ（£6.69）。土産物を販売するコーナーもある。

上／新鮮なサラダ付きのキッシュは £9.75。軽食は 12 時から 14 時のランチタイムのみ。
下／トマトと豆の日替わりスープ。自家製の焼きたてロールパン付きで £5.50。

陽気で親切なスタッフ。コーヒーやソフトドリンクなど、飲み物の種類も豊富。

Cafe @ Rococo

住所：Painswick Rococo Garden, Painswick, Gloucestershire GL6 6TH

電話：01452 813204

営業：10 時 30 分から 17 時（L.O.16 時 30 分）

http://www.rococogarden.org.uk/Plan-Your-Visit/Cafe

ペンズウィック村の中心にあるセント・メアリーズ教会。

column トワイニングの故郷はどこ？

紅茶で有名なトワイニング。その先祖はコッツウォルズの出身だという記述を『産業革命と民衆』という本のなかに見つけた。この地方で織布工をしていたダニエル・トワイニングは、1684年にロンドンに移住。息子のトーマスが紅茶を販売したのが、トワイニングの始まりだという。

現地の案内書などに、そのような記述を読んだことはなく、トワイニングの先祖がいたのはどこの村だろうという興味が湧いた。チッピン・カムデンなど、どこか北部の村だろうかと想像したが、まだインターネットなど存在しない時代、すぐに検索することはできなかった。ただ、コッツウォルズからは西に外れるが、セヴァン川とエイヴォン川が合流する平地に「twyning」という村があるのを知っていた。現地では「トゥウィニング」と呼ばれるが、綴りがよく似ているので気になった。

解決する見込みもなく、忘れかけた頃、ロンドンにあるトワイニングの本店を訪れる機会に恵まれた。当主を待つために通された奥の部屋。そこに展示されていた家系図に吸い寄せられた。一番上のダニエル・トワイニングには、ペンズウィックと記されていた。この村に先祖の痕跡が残されているか、当主に尋ねてみた。しかし、すでに縁のない土地だと、首を傾げるだけだった。

念のため、トゥウィニング村についても聞いてみた。すると、彼は人差し指を立てながらにっこり微笑んだ。立ち上がって椅子の背にあった家紋を見せると、描かれている2匹のヘビを指差した。一匹はセヴァン川、もう一匹はエイヴォン川を意味すると語ってくれた。それはトゥウィニング村にほかならない。

14

ロドマートン・マナー

Rodmarton Manor

身の回りのものが、機械で大量に生産できるようになった19世紀の終わり、その動きに抗い、手作業のよさと美しさを取り戻そうとしたのが、アーツ・アンド・クラフツ運動だ。

　ロドマートン・マナーは、この運動の賛同者のひとり、建築家のアーネスト・バーンズリーによって設計された。思想の反映と完成度の高さから、イギリスにおけるアーツ・アンド・クラフツ運動の極致といわれる。しかし、バーンズリーと職人たちの力量もさることながら、依頼主のビダルフ夫妻が、地元の工芸復興と維持のためにと考え、邸宅を建てたことが大きい。

　建築が始められたのは１９０９年。機械をほとんど使わず、地元職人の手作業で進められた。家具も建物に合わせて作られたため、完成までに20年かかっている。

　庭園もバーンズリーによって設計され、邸宅と同時に造られた。約1万坪の敷地を大小の区画に分け、並木の庭や春の花壇の庭など、異なる雰囲気に仕立てている。邸宅の周囲には、窓の配置とそこからの眺めを意識した整形的な小庭園が並ぶ。

　建築開始から6年後、邸宅は未完成ながらも居住できるようになった。ビダルフ夫妻と幼い子供たちは、邸宅や家具、そして庭が次第にでき上がっていくのを楽しみながら、ここで生活したことだろう。

庭園の見どころのひとつ「ボーダーズ」と呼ばれる小庭園。華やかな4列の花壇で構成されている。

邸宅から牧草地に向かって伸びるトピアリー（51ページ）の庭。

牧草地から見た邸宅。地元の石材で建てられているからだろうか、コッツウォルズの雰囲気によくなじむ。

アーネスト・バーンズリーとその仲間 column

19世紀の終わり頃、アーツ・アンド・クラフツ運動に賛同し、コッツウォルズ地方で活動していた工芸家たち。その多くは北部のチッピン・カムデンで活動していたが、アーネスト・バーンズリーは南部のサパトンというロドマートン・マナーにほど近い村を拠点としていた。

　彼はもともとロンドンにいた。コッツウォルズに移ろうと考えたのは、バーンズリーの弟で家具デザイナーだったシドニー・バーンズリーと、その友人で建築家のアーネスト・ギムソンだった。内向的な2人は、積極的な兄のバーンズリーに移住計画を相談。彼は家族連れで移住した。質素で不便な生活だったが、運にも恵まれて工芸活動は成功し、シドニー・バーンズリーとギムソンも、ここで家族を持った。静かなサパトン村の教会に、3人は並んで眠っている。

庭園から望む「ダフォディル・パドック」と呼ばれる牧草地と、その先に続くコッツウォルズの丘陵地帯。

イチイの垣根を通して見た「ボーダーズ」。突き当たりの小建築物はサマー・ハウス。避暑や思索の場だが、アイキャッチャーとなっている。

邸宅から最も離れた「ワイルド・ガーデン」にあるシデの並木。

邸宅西側の小庭園。雑草が茂ったこの区画を整備したビダルフ夫妻の嫁が、雑草が生えないよう一面に植物を植え「レジャー・ガーデン」と呼んだ。

庭園情報 **Rodmarton Manor**

https://www.rodmarton-manor.co.uk/

開園は4月のイースターの休日と、5月から9月末の水・土曜日と祝日。時間は14時から17時。2月にも数日庭のみ開園。詳しくはホームページで。ロンドンからの列車があるケンブル駅、またはサイレンセスターよりタクシーなどを利用。

15
アウルペン・マナー
Owlpen Manor

緑の牧草地と緩やかな丘の谷間に、教会と石造りの邸宅があり、数軒の民家が集まる。そんな隠れ里のような風景を見たのは、チェルトナムという町の書店で購入した写真集だった。解説にはアウルペンとある。こんな場所があるんだと、わくわくしたのを覚えている。

しかし、アウルペンは行きづらかった。ユーリーという小村から、車がやっと通れる細道を入り、牧草地を歩いて、ようやく写真の風景に出会えた。村はアウルペン・マナーと教会を中心にしたもので、建物と庭園は17世紀からほとんど変わらぬ姿をとどめている。しかし、当時は一般公開されておらず、庭園を見られるようになったのは最近のことだ。

邸宅の南側に小川が流れ、庭園はそこに向かって緩やかに下る斜面にある。限られたスペースに、パルテールと呼ばれる規則的な花壇や、きれいに刈り込まれたトピアリーが並ぶ。小川に架かる石橋を渡ると、その先は牧草地の丘が続いている。

庭園には、女性造園家として知られるガートルード・ジーキルや、同じく女性作家でもあったヴィータ・サックヴィル＝ウェストなどが訪れている。1941年にここを訪れたヴィータは、「夢のような場所」と述べており、80年近く経つ現在でも、この庭にたたずむと同じ感慨をいだく。

邸宅前には、パルテールと呼ばれる、花と低木の幾何学的な植え込みがある。写真は、ゼラニウムが咲く6月の様子。

このページの写真はすべて邸宅南側の庭園。これは庭園中央を貫く小道。小川に向かって緩やかに傾斜しているので、庭園と牧草地の眺めがよい。

約600坪程の庭園は、基本的な構成を大きく変えておらず、古典主義庭園の要素を残している。

邸宅は朽ちかけていたが、1926年にアーツ・アンド・クラフツ運動のメンバーによって修復された。

芝刈り機の発明 column

アウルペンの北にあるストラウドは、コッツウォルズではやや異色の、産業の町だ。毛織物産業が盛んだった19世紀末頃まで、多くの毛織物工場が稼働し、現在でも中小の工場が操業する。

1830年、この町で毛織物の機械整備をしていたエドウィン・ベアード・バディングは、手押しの芝刈り機を考案した。毛織物の仕上げの工程に、表面の毛羽立ちを刈り取り、平らにするというものがある。バディングは、そこで使われる機械を、芝生の表面を均一に刈る機械に応用できると考えたのだ。

かつて芝刈りはたいへんな作業だった。草刈り鎌を使い、人の手で刈り取られていた。きれいに整えるには熟練も要した。芝生は機械で刈るのが当たり前になっているが、サッカーやラクビー場はどうしていたのだろうと思う。バディングの発明が画期的だったのは、園芸界に限ったことではなさそうだ。

Topic

コッツウォルズで初夏に見かける花たち

日差しがまぶしいイギリスの初夏。一年で花々がもっとも美しいこの季節は、コッツウォルズの庭園巡りに最適だ。6月頃に見られる花のラインナップを紹介する。

＊カンパニュラ＊

＊キングサリ＊

＊アストランチア＊

＊クレマチス＊

＊バラ＊

＊スカビオサ＊

＊アリウム＊

＊ルピナス＊

庭園情報 Owlpen Manor

http://owlpen.com/

開園は4月初めから9月末までの月曜から金曜日。時間は10時から16時。ロンドンからの列車が止まるストラウドから、平日のみ日中2時間に1本運行しているローカルバスで約20分のユーリー（Uley）下車。徒歩約1km。

16 アビー・ハウス・ガーデンズ

Abbey House Gardens

古代ローマ時代に栄えたバース。その北に、中世に市場町として栄えたマームズベリーがある。小さな町だが、丘の上に壊れかけた大きな城のような建物が立つ。かつての修道院だ。その隣、修道院の庭があったとされる場所に、アビーハウス・ガーデンがある。

　中世の修道院の庭は、どのようなものだったのか。修道士たちは自給自足の生活をしていたので、庭では野菜や果物などが栽培されていた。さらに、貧しい人々に施す食べ物や、病人のための薬草なども育てられた。祭礼用の花も栽培されていただろうが、とても実用的なものだったと考えられている。

　ということで、アビーハウス・ガーデンは地味な中世の修道院の庭かというと、それが全く違う。豊かな色彩の花々が咲く多年草の花壇や、黄色いキングサリの回廊など、雰囲気の異なる多彩な小庭園が展開する。

　庭園を造ったのは、1994年にここに移り住んだポラード夫妻だ。ケルトの十字架の形など、修道院をモチーフに庭をデザインしたという。造り始めてまだ日が浅く、修道院の隣に何やら小さな庭が造られたようだなという程度の認識だった。しかし、中に入ってその広さと多様性、完成度の高さに驚いた。もはや修道院の庭ではなく、修道院を借景にしたイングリッシュ・ガーデンだ。

入口脇にある「ケルティック・クロス・ガーデン」。ケルトの十字架のような模様のパルテール（低木と花による幾何学的な植え込み）。

ジギタリスが咲く6月下旬の「レイディー・チャペル」と呼ばれる庭。正面は、一部崩壊しているマームズベリー・アビー教会。

邸宅北側には小川が流れる谷があり、雑木林の小道を歩き、小川や池など自然を楽しむ庭園になっている。

6月初旬の「ラバーナム・トンネル」。キングサリがちょうど見頃だった。

クレマチスが咲く、石壁に囲まれた小区画。ゴシック風のアーチがあり、修道院の廃墟にいるような雰囲気。

中央に噴水がある円形の「ハーブ・ガーデン」。修道院の回廊を模したアーケードが囲む。

庭園情報 **Abbey House Gardens**

http://www.abbeyhousegardens.co.uk/

開園は4月初めから10月末までの毎日。時間は11時から17時30分。庭園はマームズベリーにあり、サイレンセスター、チッペナムから、平日と土曜日運行のローカルバスで約45分。チッペナムにはロンドン発着の列車が停まる。

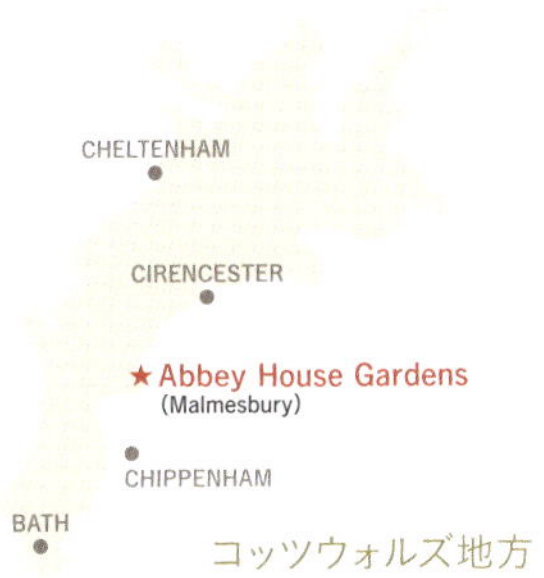

個人宅のお庭紹介

column Private Garden 1

ウィストンさん宅

食べ物にも気を遣う、
自然派のアリソンさん。

ハチミツ色の石灰岩の壁に、
バラやクレマチスが美しい。

コッツウォルズに暮らす人々は、自宅にどのような庭を作っているのか。少し覗いてみたいと思う。一軒目はスタントン村で暮らすアリソン・ウィストンさんの庭だ。彼女の自宅は、住宅の並びにある約３００坪の敷地で、庭は建物をぐるりと囲んでいる。芝が植えられている北側のほかは、それぞれを小さな庭として整えられ、変化があっておもしろい。ロンドンで生活する息子さんたちが帰省すると、日の長い6月には、芝生の庭で夕食のテーブルを囲む。

花壇とテーブルは入口
側に設けられている。

ツルハナナスが咲く北側にある芝生の庭。

庭と室内の観葉植物が一体となった、サンルーフの部屋。

庭の上段から見下ろした風景。石造りの魅力的な住宅だ。

メイデューさん宅

左から、フェネラさん、息子のブレンダンさん、ご主人のナイジェルさん。

静かなサパトン村の通りで、住宅の前庭に引かれて写真を撮っていた。「庭を見ていきますか?」と声をかけてくれたのが、フェネラ・メイデューさんだった。彼女は農業大学校で学び、かつて庭師をしていた。自宅の広さは約400坪。北向きのゆるい傾斜地で、東西に細長い。コッツウォルズらしい石造りの建物を中心に芝生の庭がある。西側は小さなトピアリーが並ぶ古典的な印象で、東側は繁茂した草花に包まれたコテージ・ガーデンと菜園がある。

菜園脇にある作業場。10月に訪れたときの風景。

物置小屋がアイキャッチャーの役目を果たしている。

平たく剥離する石灰岩を積上げて、テラス式の花壇にしている。

ザ・クローズ・ホテル
The Close Hotel

フル・アフタヌーンティー（£17）。シャンパン付き（£23）やクリームティー（£8）もある。
12時から17時30分まで。予約が望ましい。

アンティークや雑貨店などが並ぶ、賑やかなテットベリー村の通りに面した、石造りの重厚なホテル。ステップを上がって扉を開けると、外観とは異なる現代風な内装にどこかほっとする。入口近くの小部屋では、コーヒーを前に若者がくつろぐ。それを横目に奥に進むとバーがあり、レストラン、中庭へと続く。ホテルだというのに入口側にフロントがなく、ちょっと高級なカフェかレストランという印象だ。もとは16世紀初め頃に建てられた邸宅だが、1962年にティールームとパティスリーとして利用されるようになった名残かもしれない。

上／庭に面したレストランでのアフタヌーンティー。外のテラスでいただくこともできる。
下／広くはないが邸宅の庭らしい風情がある。中央の入口がホテルのフロント。左側1階にレストランがある。

上／全19室の客室はすべて内装が異なる。庭を望む部屋や、町の通りを眺められるものなどさまざま。料金は£350から。
下／建物の中央にあるバー。12時から21時30分まで食事ができ、メニューはフィッシュ・アンド・チップス（£16）など。

The Close Hotel
住所：Long Street, Tetbury,
Gloucestershire GL8 8AQ
電話：01666 502272
http://www.theclose-hotel.com

ザ・ヘアー・アンド・ハウンズ・ホテル
The Hare & Hounds Hotel

テットベリーから南に約4km離れた、牧草地を通る街道沿いにあるホテル。もとは18世紀初めの農家で、20世紀上旬にホテルとして開業する際、フロントがある邸宅風の建物が建てられた。モダンな内装は明るく開放感があり、落ち着きと快適さが味わえる。本書では取り上げていないが、すぐ隣にウェストンバート・アーボリータムという国内有数の樹木園と、その向かいにウェストンバート・スクール・ガーデンという庭園がある。その行き帰りにお茶をするのにちょうどよい。

上／紅茶やコーヒー（£3.25）、それにクランペット（ホットケーキの一種）が付く（£4.80）メニューもある。
下／客室は本館と別館を合わせて全42室。料金は£250から。写真は別館の1室。

上／フル・アフタヌーンティー（£17）。シャンパン付きは£26。アフタヌーンティーは14時30分から17時。予約が望ましい。
下／広い芝生の庭園を眺めながら、アフタヌーンティーを楽しむことができる。

The Hare & Hounds Hotel
住所：Westonbirt, Tetbury, Gloucestershire GL8 8QL
電話：01666 881000
https://www.cotswold-inns-hotels.co.uk/hare-and-hounds-hotel/

4章 オックスフォードシャー・コッツウォルズ

The Oxfordshire Cotswolds

バーフォードなどコッツウォルズ東部

17 チャッスルトン・ハウス

Chastleton House

クローケーというスポーツは、イギリスでは一般的なのに、日本ではほとんど知られていない。地面に置いた木の球を木槌で打ち、フープと呼ばれる門をくぐらせる。ゲートボールを連想されるだろう。クローケーはその原型に当たる。

　チャッスルトン・ハウスの庭園にはクローケー用の芝生のコートが2面ある。これは、1850年頃この館の主だったウォルター・ジョーンズ・ウィットモアを記念して整備されたものだ。彼はこの邸宅の庭でクローケーを研究し、1860年代に標準ルールを作成している。

　チャッスルトン・ハウスは1610年頃に建てられ、庭園も同時期に造られた。当時の庭園のスタイルは、邸宅の周囲に方形の区画を設け、球技場、菜園、樹木園などに割り当てるというもの。クローケー場はイギリス式のボウリング場だったなど、変更はあるものの、400年前の基本的なレイアウトが残されているのは珍しいという。古いまま残されたのは、造り変えるお金がなかったためらしい。

　樹齢400年と推定されるクワの倒木がある。2000年に倒れてしまったが、まだ生きていて実をつけている。もしお金があったら、このクワの古木もすでに切られていたかもしれない。1991年までここに住んでいた子孫は「貧乏は最高の保存者である」という言葉を残している。

奇妙な形のトピアリーが並ぶ「ベスト・ガーデン」。名前の通り、最もよい区画で、かつては邸宅の住人や賓客のみが利用したという。

牧草地に建つ18世紀のダブコット（鳩小屋）。駐車場から庭園まで、数百メートルの道すがらにある。

「フォーコート」と呼ばれる邸宅正面の庭。邸宅内も見学でき、最上階「ロング・ギャラリー」のトンネル形の天井装飾がとくにすばらしい。

倒れても生き続けるクワの大木。案内板には、「8月においしい果実がなる」とある。

キングサリが咲く6月の庭園。邸宅と庭園は1991年からナショナル・トラストが所有し、修復と保存活動が続けられている。

庭園の外れにある「キッチン・ガーデン」。採れた野菜は販売されている。

庭園情報 Chastleton House

https://www.nationaltrust.org.uk/chastleton-house

開園は3月初旬から10月下旬の水曜から日曜日。12月初旬から中旬までの土・日曜日。時間は12時30分から17時（3月は16時まで、12月は11時から15時）。詳細はホームページで確認を。モートン・イン・マーシュから約6km。

18

ローシャム・パーク・ハウス・アンド・ガーデン

Rousham Park House & Garden

　邸宅脇の自動券売機で入場券を買ったが、見せる相手もなく、そのままポケットにしまうと、案内板に従って歩いた。あいにくの曇り空だからか、ほかに訪問者は見当たらず、砂利道を踏む音が辺りに響き渡っていた。邸宅の裏側に回ると、きれいに刈り込まれた芝生の広場に出た。芝生の先は深い緑の林が急斜面となって落ち込み、はるか遠方に周辺の牧草地が眺められた。

　この庭園は、１７３８年に造られた初期の風景式庭園である。設計したのは、風景式庭園の成立期を代表する造園家ウィリアム・ケントだ。風景式庭園はイギリス発祥の、自然風景を模した庭園で、ここはその元祖か本家かといったところだろう。２８０年近く経った現在でも、当時の姿を見られるのはたいへんありがたい。

　芝生の広場から林の坂道を下って行くと、うっそうとした緑の空間に入り込む。所々に彫像が立ち、視界の奥に小さな建築物が見える。広さは約3万坪だが、広大さより、自然のなかを歩きながら、展開する風景を楽しむ庭園のようだ。

　芝生の広場に戻り、静まり返った邸宅の周囲をうろついていると、まるで不審者のようで、入場券を首から下げて歩きたい気分だった。しかし、後日改めて読んだパンフレットには「ピックニックの準備をして、一日お楽しみ下さい」とあった。

「オクタゴン・ポンド」と呼ばれる八角形の池。中央奥の彫像が立つ屋根形の建造物はカスケード（小滝）ということだが、水流はない。

「プラエネステ・テラス」と呼ばれる回廊。アーチ越しに川と周辺の牧草地を眺める趣向は、視線を園内から外に向ける風景式庭園の考え方を表している。

右上／邸宅隣にある、壁で囲まれた「ウォールド・ガーデン」。バラが出迎える入口のゲート。奥の塔は教会。
左上／教会近くの花壇。背が高く大きなジギタリスやバラに、マトリカリアやレースフラワー、サルビアなどの小花を散らせている。

左下／「ウォールド・ガーデン」の中心にある小さな池の空間。ツルバラのアーチに囲まれている。

「プラエネステ・テラス」と呼ばれる小建築物は、7つのアーチがある回廊。

「ウォールド・ガーデン」の近くにある、イチイのアーチ。教会がある区画から、奥の菜園のスペースに抜ける。

「ピジョン・ハウス・ガーデン」にある鳩小屋と、ジギタリスが咲くパルテール（花と低木による幾何学的な植え込み）。

異業種から造園に参入したウィリアム・ケント column

ローシャム・パークの庭園を造り、風景式庭園初期の大家として名を馳せたウィリアム・ケント。彼はもともと画家で、造園の経験も修業も積んだことがない素人だった。そんなケントが造園家になったのは、イタリアを旅していたとき、芸術に造詣が深い裕福なイギリス人貴族のバーリントン卿と出会ったことだった。ふたりは芸術的趣向で一致したのだろう、意気投合した。帰国後、ケントはバーリントン卿を通して上流階級の人々と面識を持つようになり、建築や庭園を手がけるようになる。

風景式庭園は、絵のような理想の風景を再現したもので、その創始者ともいえるケントが画家だったのは象徴的なことだ。イギリスの詩人ポウプが「庭園を造るのは風景画を描くのと同じだ」と述べているおり、ケントはまさにそのように庭を造った人物だったのだろう。

「ピジョン・ハウス・ガーデン」の壁。裏側は「ウォールド・ガーデン」。これらの庭は、風景式庭園のエリアに比べて狭いが華やかだ。

バラ、ゼラニウム、アルケミラ・モリスが咲く「ウォールド・ガーデン」のハーベイシャス・ボーダー（多年草の花壇）と邸宅。

邸宅の西側に広がる牧草地のハーハー（45ページ）。風景式庭園に象徴的なものだが、フランスから伝えられた手法という説もある。

庭園情報 **Rousham Park House & Garden**

http://www.rousham.org/

年中開園。時間は10時から16時30分。事前予約で邸宅内も見学できる。詳細はホームページで確認を。オックスフォードから列車で約15分のヘイフォード（Heyford）で下車、徒歩約15分。

19 ブレナム・パレス

Blenheim Palace

教えられたとおり、ひとまずウッドストック村を目指すと、確かに商店が並ぶ村の通りに、ブレナム・パレスへの案内標識があった。奥に進むと、街路樹が繁る住宅街になり、薄暗く行き止まりかと思わせるその先に、大きな門が現れた。係員に入場料を払って門をくぐると、風景が一変した。

眼下に湖があり、右側の丘には塔がそびえ、緑の森がどこまでも続いている。左右の視界を建物で塞がれた閉鎖的な村の通りから、はるか遠方まで見渡せる風景のなかに、突然放り出された。どこにこんな空間が隠されていたのかと錯覚するが、実際はブレナム・パレスの広大な庭園の端に、飲み込まれる程小さなウッドストック村があるのだ。

ブレナム・パレスは１７３０年代に完成し、現在の庭園はそれから約30年後に造られた。自然の風景に似せたこの壮大な庭園は、風景式庭園の第一人者として名高いランスロット・ブラウンによるものだ。宮殿の両側には整形式庭園があり、幾何学模様の植え込みや噴水のある池が美しい。

晴天の整形式庭園の写真を撮ろうと、ここには何度か訪れているが、宮殿に近づくと曇る。どうも嫌われているようで、晴れが土砂降りになったこともあり、これは第二次大戦で日本に無条件降伏を突き付けた英国首相チャーチルのせいではないかと思ってしまう。１８７４年、彼はこの宮殿の一室で生まれた。

フランスに勝利したブレナムの戦いに喜んだアン女王が、軍を率いたジョン・チャーチルに王領地を下賜し、建てられた宮殿。

宮殿の南側にある「ウォーター・テラシーズ」と呼ばれる整形式庭園。

宮殿と庭園を設計したジョン・ヴァンブラによって造られた石橋は、ブラウンが川をせき止めて湖にしたため、半分水没している。

風景式庭園で大成功したランスロット・ブラウン column

ブレナム・パレスの庭園を造ったランスロット・ブラウンは、イギリス風景式庭園の確立期に活躍した造園家だ。土地が潜在的に持つ改良の可能性（ケイパビリティー）を見極め引き出すことから、ケイパビリティー・ブラウンという俗名でも知られている。ブラウンはブレナム・パレスに近いストウという庭園で造園の経験を積み、独立するとウォリック城やコッツウォルズの西にあるクルーム・コートの庭園を造り直した。その素晴らしいできばえから評判となり、一躍有名となる。

ブラウンのやり方は徹底していた。花壇や果樹園など、前任者が造った庭園を惜しげもなく取り払い、目障りな近くの村をまるごと移動させたこともあった。全国を馬車で駆けまわり、生涯に１００を超える庭園を手がけている。富と名声のみならず、官職を得て上流階級の地位まで手にした。

ライラック、キングサリ、チョイジアなどが咲く「シークレット・ガーデン」。1950年代に造られ、ほかとは異なった雰囲気がある。

ウサギも姿を見せる、のどかな庭園。英国首相ウィンストン・チャーチルは、親戚が住むこの宮殿の庭で、幼い頃よく遊んだという。

約240万坪の広さがある庭園の小道。ブレナム・パレスは、1987年に世界遺産に登録されている。

庭園情報 **Blenheim Palace**

https://www.blenheimpalace.com/

開園時期はクリスマスを除く毎日。時間は10時30分から18時。宮殿外の風景式庭園は9時から18時半もしくは日暮れまで。詳細はホームページで確認を。オックスフォードからローカルバスで約25分。

ハフキンス
Huffkins

Tea room

自家焙煎のコーヒー豆を売る、行きつけの店が近所にある。なにげなく、ハフキンスのエコバッグをぶら下げて行くと、カウンターの女性が「それ、私が持っているものと同じ」と言う。イギリス土産に友人からもらったものだそうだ。コーヒー豆の店先で恐縮だったが、紅茶の話で盛り上がった。

　ハフキンスは今や日本でも知られるようになったが、コッツウォルズのバーフォード村に、1890年に創業した小さなベーカリーだった。家族経営によって受け継がれた手法と、信頼できる地元の材料から、スコーンやケーキを作っている。広く愛される素朴な味わいで、数々の賞を獲得している。百貨店のイベントで来日すると、行列ができる人気ぶりだ。地元に数店舗を構え、コッツウォルズでも一番有名な店だろうが、ランチタイムでなければ並ぶことはめったにない。機会があれば、立ち寄ってみるといいだろう。

上／中央のコッツウォルド・アフタヌーンティーは £7.50 で、スコーンにポットの紅茶が付く人気のクリームティー。手前のストロベリータルトなど、ケーキは £3.15 から。ケーキとサンドイッチも付くクラシック・アフタヌーンティー（£18。ただし、2 人分以上から注文可）もある。
下／キャロットケーキ（£2.35）とフレッシュクリーム・ルーラード（£2.25）。どちらもテイクアウェイの料金。

ルバーブ＆ジンジャーやストロベリーなどのジャム（£4.05）、ハチミツ (£6.25)、ショートブレッドなども種類が豊富。

上／古い石造りの建物を生かした売店。奥に簡単なカフェスペースがある。
右／売店の隣にあるカフェの店内。バーフォードのほかに、ストウ・オン・ザ・ウォルドやチェルトナムなど、コッツウォルズと周辺に数店舗を構えている。

左／コッツウォルド・フルーツ・ルーズリーフティー (£4.05) は、ローズヒップやハイビスカスなどをブレンドしたハーブティー。
右／ショートブレッド £3.95。チョコチップ入りなどもある。

カフェの店員さんたち。味だけではなくサービスのレベルでも評価が高い。

左／ユニオンジャック・ジュート・エコバッグ £3.95。
下／売店の一角にある、カラフルな麻のエコバッグ（£4.95 〜）が陳列されたコーナー。

Huffkins
住所：98 High Street, Burford,
Oxfordshire OX18 4QF
電話：01993 824694
営業：8 時 30 分から 17 時
（日曜は 10 時〜）
https://www.huffkins.com

20
バスコット・パーク
Buscot Park

初めてここを訪れたのは、初夏の晴れた日の午後だった。庭園に入ると、通路の奥にちらりと見えるフジの花と噴水の景色が気になり、足早になった。そこは、高いレンガの壁で囲まれた八角形の空間で、中央に噴水があり、壁沿いをボーダー（境栽花壇）がぐるりと囲んでいた。鮮やかな色彩に目を奪われながら歩き回り、気が済んで噴水を囲むベンチに腰をおろし、パンフレットの地図を眺めた。もうだいぶ楽しんだようだが、この部分は庭園の西外れの一区画に過ぎなかった。

日差しのなかを、東に向かって緩やかな坂道を登った。時折振り返ると、先ほどの噴水は眼下に遠ざかる。しかし、見晴らす風景ではない。坂道の両側にそびえる垣根が左右の視界を遮るため、噴水に向かって一直線に伸びる通路の風景が強調された。

登り切ると、広い芝生の空間があり、邸宅が見えた。ここから東側は緑の林と、高い並木が果てしなく続く風景式庭園が広がっている。この辺りでそろそろ戻ろう。そう考えたとき、イギリス屈指といわれるウォーター・ガーデンを見ていないことに気づいた。地図で確認すると、園内北東の端。結局、さらに木立と草原のなかを1.5km程歩いた。駐車場に戻ったとき、すでに日は傾いていた。

上左右／邸宅の東側、風景式庭園にある並木道。中央にあるのは「ラージ・ヴェスル」と呼ばれるスレート製の壷。ここでは、視線をとらえるアイキャッチャー（135ページ）の役割をしている。
下／「ウォーター・ガーデン」は、イタリア式庭園を好んだ造園家ハロルド・ピートー（162ページ本文内）によるもの。

上／牧草地に立つ枯れ木。庭園は約 31 万坪の広さがある。
右下／荒れていた 18 世紀の菜園を、1978 年に造り変えた「ウォールド・ガーデン」。壁に囲まれ、中央に噴水がある。

左下／庭園入口から「ウォールド・ガーデン」を通らず、邸宅に行く近道「ペアレンツ・ウォーク」のアーチ。

シャクヤク、エレムルスが咲く「ウォールド・ガーデン」の壁際のボーダー。この庭園は長方形の角を落とした八角形をしている。

奥の建物は庭園の入口。そこから「ウォールド・ガーデン」に至る道は、6月にオオデマリが美しい。

アーンと呼ばれる壺。これも古典的な装飾のひとつで、白色や蓋がない壺などさまざま。132ページの壺もそのひとつといえる。

「ウォーター・ガーデン」に立つハーム。ハームは神話の神などをかたどったもので、古典的な装飾のひとつ。

アイキャッチャーについて column

アイキャッチャーとは「視線をとらえるもの」のこと。広がりのある風景を前にして、人は見るべきものがないと落ち着かないらしい。たとえば、大海原を眺めると、遠くを行く船を無意識に探したりするものだ。また、夕暮れの山並みも、そこに教会の塔があれば、写真の構図も取りやすい。

庭園、特に風景式庭園では、絵になる風景を作るために、視点となるアイキャッチャーは有効な要素だ。フォリーと呼ばれる実用性のない建物や廃墟、神殿風の建物や塔などのほか、オベリスク、彫刻がその役割を果たすこともある。

クルーム・コート（コッツウォルズ西部近郊）の庭園。造園家ブラウンは、教会を立て直してアイキャッチャーとした。

バスコット・パークのオベリスク（エジプト起源の石柱）。林間に伸びる通路の先にあり、アイキャッチャーの役目をしている。

庭園情報 Buscot Park

https://www.nationaltrust.org.uk/buscot-park

開園は4月上旬から9月下旬までの月曜から金曜日と、隔週で土曜と日曜日も。月曜と火曜日は庭園のみ。時間は14時から16時。詳細はホームページで。ロンドン発着の列車が停まるスウィンドンから約15km。レンタカーかタクシー利用。

21
ケルムスコット・マナー
Kelmscott Manor

　コッツウォルズにまつわる人物として筆頭に挙げられるのが、工芸家であり、詩人で社会改革家でもあったウィリアム・モリスだろう。草花の模様をプリントした、壁紙やインテリア用の布地のデザインは有名で、一度は目にしたことがあるに違いない。モリスはコッツウォルズをこよなく愛し、１８７１年からケルムスコット村の片隅にある邸宅を別宅として借りていた。

　僕がここを初めて訪れたのは、20年以上前のことになる。かつては、邸宅周辺の路上に車を止めていたと記憶している。現在は村をはさんで反対側の空き地に駐車場が設けられ、そこから村内を10分程歩く。不便ではあるが、村にはモリスにまつわる建物などがあり、邸宅の行き帰りにそれらを見学するにはちょうどよい。ちなみに、モリス夫妻は教会の墓地に眠っている。

　敷地のうち、石壁に囲まれた邸宅と庭園部分はたぶん１０００坪くらいあるだろう。広々とした印象ではないが、芝生の空間があり、境栽花壇があり、古木や果樹が枝を伸ばしている。ちょっと広めの民家の庭といった風情だ。

　モリスはここで草花を愛で、集まる鳥たちを観察しながら、デザインのヒントを得ていた。有名な「イチゴ泥棒」というデザインも、この庭で育てていたイチゴと、それを狙って毎年やって来る、やっかいな鳥たちを題材にしたものといわれる。

通路にバラが並ぶ邸宅正面の「フロント・ガーデン」。モリスの著書『ユートピアだより』の口絵となった有名な場所。

芝生の庭「ローン・ガーデン」は、かつて菜園だった。ジャーマンアイリスやハナビシソウなど、美しい色の組み合わせが目を引く。

庭園は1994年に整備され、モリスが好んだコテージ・ガーデンの植栽で満たされている。

コッツウォルズを愛したウィリアム・モリス column

ウィリアム・モリスはロンドンの近郊に１８３４年に生まれた。日本では江戸時代後期、イギリスではヴィクトリア朝に当たる。この時代、イギリスは産業革命により、物質文明の先端をいく商工業の国として栄えた。しかし、労働者は劣悪な環境と条件で働き、都市では公害も発生していた。

労働は喜びであり、芸術であると考えていたモリスは、アーツ・アンド・クラフツ運動により、手作業による物作りの大切さなどを訴えた。彼は詩人として知られたが、本業はデザイナーだった。染色で自らの手を染める職人であり、そこから生まれた思想だと思われる。モリスはオックスフォード大学で学び、若い頃にコッツウォルズと出会っている。この地方は産業革命から取り残され衰退していたが、中世に傾倒していたモリスにとって、その雰囲気は心休まるものだったのだろう。

邸宅の裏側にある「マルベリー・ガーデン」。クワの大木は、モリスが住んでいた頃からあった。

モリスの死後、借りていた邸宅と庭は、彼の家族によって買い取られ、1938年まで使用された。

園内にはティールームとショップがある。敷地の南側には『ユートピアだより』にも登場するテムズ川が流れている。

邸宅の出口付近に、6月頃に咲くツルアジサイ。邸宅内部はモリスの壁紙やファブリックで装飾されており、一見の価値がある。

庭園情報 **Kelmscott Manor**

https://www.sal.org.uk/kelmscott-manor/

開園は4月初旬から10月下旬までの水曜と土曜日。時間は11時から17時。詳細はホームページで確認を。ロンドン発着の列車が停まるスウィンドンから約18km。レンタカーかタクシーを利用。

column コッツウォルズに移住した工芸家たち

ケルムスコット・マナーを地上の楽園と称したウィリアム・モリスだが、活動の場はあくまでもロンドンだった。一方で、彼が提唱したアーツ・アンド・クラフツ運動の賛同者のなかには、ロンドンを逃れ、コッツウォルズでの田舎暮らしを実践した者たちがいた。サパトン村を拠点として活動したアーネスト・ギムソンとバーンズリー兄弟（98ページ）や、チッピン・カムデン村に集団で移住してきたチャールズ・アシュビーたちはその代表である。チッピン・カムデン村で製作を続ける金銀細工の工房ハートは、その名残りだ。

時代は20年程下るが、１９２０年代の半ば頃、この地方に惚れ込み、移住して来た若い陶芸家がいた。ロンドンに生まれ、オックスフォード大学に学び、陶芸家バーナード・リーチの弟子となったマイケル・カーデューだ。彼はウィンチカム村の近くに、廃墟に近い状態で残されていた窯を再興する。目指したのは、伝統的なスタイルの、誰でも買える陶器だった。数年後、地元の赤褐色の土を使い、手作業で完成させた作品群には、力強い美しさがあり、ロンドンで高く評価された。現在もカーデューの後継者たちが、ウィンチカム・ポタリーで製陶を続けている。

Hart Gold & Silversmiths
（金銀細工工房 ハート）
住所：Sheep Street, Chipping Campden, Gloucestershire GL55 6DS
http://www.hartsilversmiths.co.uk

Winchcombe Pottery
（ウィンチカム・ポタリー）
住所：Broadway Rd, Winchcombe, Gloucestershire GL54 5NU
http://www.winchcombepottery.co.uk

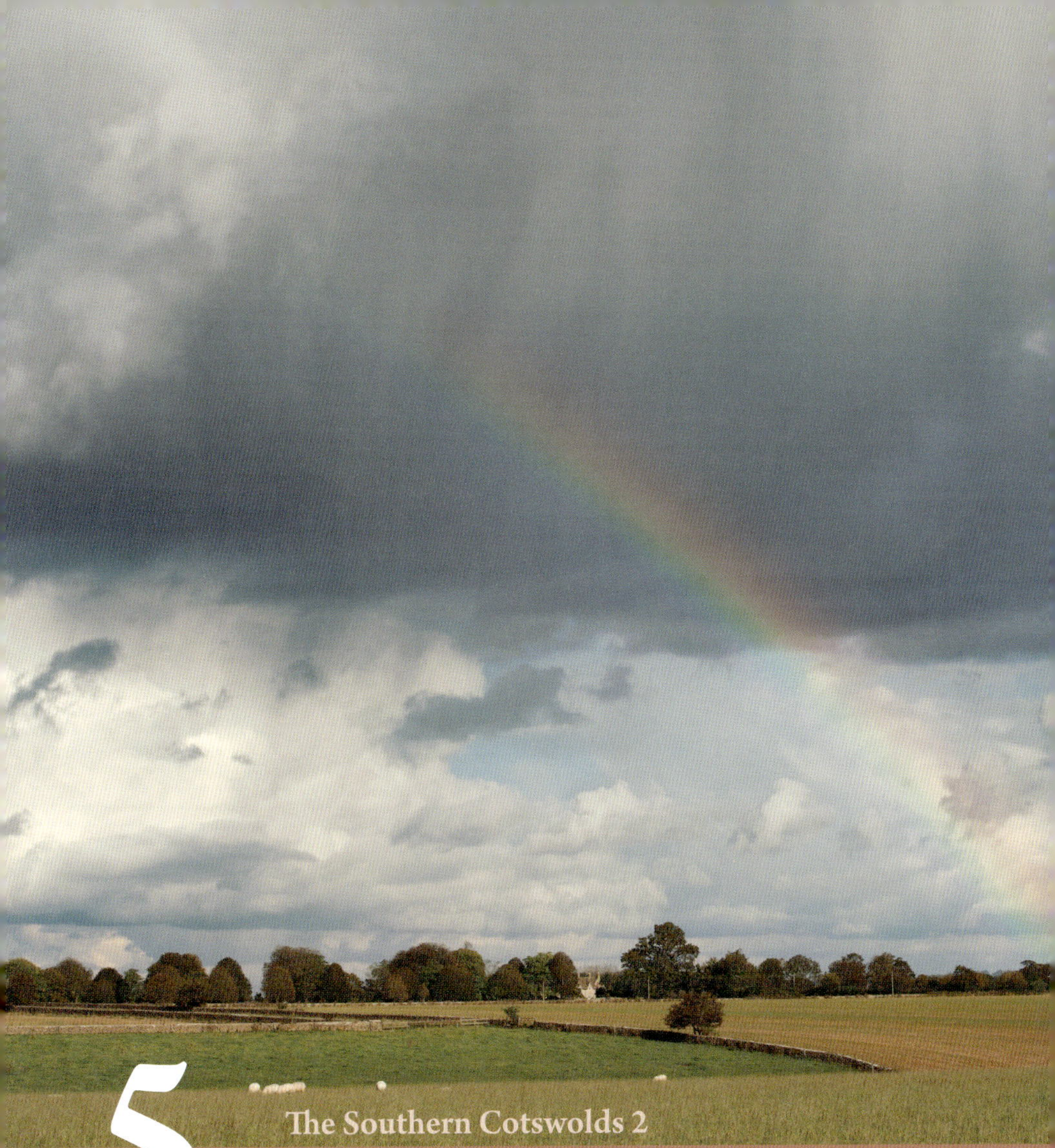

The Southern Cotswolds 2

5章 サザーン・コッツウォルズ 2

カッスル・クームからバース周辺

22
ディラン・パーク
Dyrham Park

チケット売り場から並木道を歩くと、道の先が徐々に開け、大きな窪地の頂きに出る。緑の丘に囲まれた広大な風景の下に、ディラン・パークの邸宅が立つ。

丘を吹き上げる風に草がなびき、まばらに木が生える草原だが、ここにかつて巨大な整形式庭園があった。整然と樹木が並び、細長い水路があり、広大な花壇にはたくさんの花が植えられていた。その様子は、１７１０年の絵画に残されており、庭園は邸宅周辺だけではなく、丘の斜面にまで及んでいた。庭園が造られた17世紀末は、風景式庭園の出現前夜。整形式庭園が徐々に飽きられ、新しいスタイルが模索されていた時代だ。

しかし、今は何も残っていない。水路も花壇の跡もわからない。草原にはシカがいるというが、牛などの大きな動物が苦手な僕は、恐々としながら斜面を下って邸宅に向かった。

芝生のテラスや、池の周囲に彩り豊かな花が咲く庭園は、邸宅の西側にある。池の北側に行くと、新たに長い4列の花壇が造られていた。１７１０年の絵画に描かれている花壇を再現したものだろう。「新しく花壇を作ったんですね」と、女性作業員にたずねると、「今年の2月に、17世紀のスタイルでね」と、

作業の手を休めて答えてくれた。花はみごとに咲いていたが、５週間程前に植えたものだという。「今年は雨が多くて生育がよかったのよ」とのこと。６月というのに、たしかに雨ばかり降っていた。

邸宅西側にある「ウエスト・ガーデン」。17 世紀終わりから 18 世紀初めにかけて、造園家ジョージ・ロンドンによって造られた。

再現されている 17 世紀の整形式庭園。かつて整形式庭園が風景式に転換されたのは、広大で維持費がかかり過ぎたためともいわれる。

邸宅近くの 6 月のボーダー（160 ページ）。邸宅は造園家ロンドンが庭園を改良したのと同じ頃、当時の流行だったオランダ様式で拡張された。

10 月の「ウエスト・ガーデン」と教会。邸宅西側が本来の正面で、現在の入口がある風景式庭園は裏側になる。

庭園は約 32 万坪あり、1800 年頃に風景式庭園の造園家レプトン（148 ページ）が改良に訪れている。

庭園入口から邸宅に向かう道。邸宅はノーベル賞作家カズオ・イシグロの小説を映画化した「日の名残り」の舞台となった。

邸宅東側の風景式庭園。曲がりくねった道には、「自然は直線を好まない」という風景式庭園の思想が反映されている。

庭園情報 **Dyrham Park**

https://www.nationaltrust.org.uk/dyrham-park

開園は 1 月初旬から 2 月初旬の土・日曜日（午前 10 時から 16 時）と、2 月中旬から 12 月末までの、クリスマスを除く毎日（午前 10 時から 17 時）。詳細はホームページで確認を。バースから約 12km。レンタカーかタクシー利用。

23 コーシャム・コート

Corsham Court

　コーシャム村の賑やかな通りを外れ、長屋の並ぶ静かな路地を突き当たりまで進むと、コーシャム・コートの立派な石造りの門がある。背の高い黒人門番の指示に従って車を脇に止め、広い前庭の道を邸宅に向かって歩いた。庭園のチケットは館内で買うらしい。邸宅の階段を上り、正面扉の前まで進むと、なかに控えていた女性が、扉を静かに開けてくれた。歩を進めると、天井の高い広間に足音が響いた。

　この邸宅は、18世紀に国王から受け継いだメスエン家が改築したもので、現在もその子孫が暮らす、由緒正しき貴族の館だ。邸宅の周囲には、自然風景を模した広大な風景式庭園がある。当時の一流造園家、ランスロット・ブラウンやハンフリー・レプトンが手がけたものだ。

　邸宅北側には「フラワー・ガーデンズ」がある。こちらは19世紀前半に、この館に暮らしたメスエン夫人によって造られた。風景式庭園の流行が終わり、花壇など整形式庭園の要素が復活した時代のもので、当時のレイアウトがよく残されているといわれる。

　大きく立派な邸宅と庭園だが、一般に広く知られているわけではない。この周辺で知名度が高いのは、皮肉にも隣村の線路脇にある小さな民家だ。そこに「きかんしゃトーマス」の作者、ウィルバート・オードリーが暮らしていた。

広さ約1万6000坪の湖がある、風景式庭園。ブラウンが設計し、40年後にレプトンが完成させた、風景式庭園の巨匠たちによる庭園。

「ナッシュズ・ルイン」と呼ばれるフォリー。レプトンとコンビを組んでいた建築家のナッシュが廃墟の形で造ったもの。

ブラウンによって建てられた「バース・ハウス」と呼ばれる建物。実用性はなく、フォリー（135ページコラム内）と見なされている。

レッドブックで知られたハンフリー・レプトン column

ローシャム・パークの庭園を改良したハンフリー・レプトンは、18世紀終わり頃、風景式庭園が一般に普及した時代を担った造園家だ。彼は商人になるはずだったが、園芸や芸術の方に興味を持っていた。いくつかの仕事に就いたものの続かず、生活に行き詰まり、1788年36歳のとき独学で造園家になった。その5年程前、風景式庭園の巨匠ランスロット・ブラウンが亡くなっており、目立った造園家がいなかった。文才があり、器用で絵画もうまかったレプトンは、依頼を受けると庭園の完成予想図を美しい水彩画と文章でまとめた計画書を作成した。赤い革表紙で装丁された豪華なもので、「レッドブック」と呼ばれて好評を博した。そのような工夫もあり、レプトンはたちまち人気造園家となる。多くの庭園を手がけたが、自らは豪華な邸宅を好まず、沿道の民家に暮らした。

もとは菜園があった場所を造り変えた庭園。ヴィクトリア時代らしい、外来の植物も取り入れられた。

このページの写真はすべて「フラワー・ガーデンズ」の風景。グラジオラスが咲く6月のボーダー（160ページ）。

華やかな花壇より緑の鮮やかさが印象的なのは、ブラウンが植えた多様な樹木が残されたためだろう。

庭園情報 Corsham Court

http://www.corsham-court.co.uk/

開園は3月下旬から9月末の毎日（月・金曜日休み）と、10月から3月中旬の土・日曜日（12月を除く）。時間は14時～17時30分（10月から3月中旬は～16時）。チッペナムから、ローカルバスで約15分のコーシャムで下車、徒歩約5分。

個人宅のお庭紹介

column Private Garden 2

ヤングさん宅「リドリーズ・チアー」

約半世紀かけて造り上げた庭園。奥さんのスーザンさんは料理とケーキ作りが得意で、以前はここでB&Bをやっていた。

アントニーさん（右）とスーザンさん

カッスル・クームの南西、牧草地の真ん中に、数軒の民家が並ぶ。アントニー・ヤングさんの家はそのひとつだ。緩やかな南向きの斜面に、広い牧草地と樹木園があり、白壁の家の周りに庭が造られている。この庭だけで約１８００坪あり、一般家庭としては広い。「リドリーズ・チアー」と呼んでいる庭園は、事前に予約をすれば見せてもらえる。アントニーさんはガーデンデザイナーで、コッツウォルズにある邸宅や、フランスの庭園も手がけている。自宅の庭も、整形式の区画、菜園、ボーダー、樹木園など多彩だ。花々が咲きそろう春だけではなく、秋の紅葉もすばらしい。

斜面にテラス式に庭園を造っている。

樹木園を抜けると、
広い牧草地がある。

6月はバラのアーチが見頃。

整形式の小さな区画。10月の風景。

花々が咲き乱れる6月のボーダー。
(160ページ)

メモ

リドリーズ・チアー(Ridleys Cheer)は、事前に電話かメールで予約をすれば見ることができる(有料)。詳細はホームページで。
住所:Mountain Bower, Chippenham, Whiltshire SN14 7AJ
電話:01225-891204
http://www.ridleyscheer.co.uk

ザ・マナーハウス
The Manor House

マナーハウスホテルというと、今や高級ホテルの代名詞となっているが、そもそも領主の館（マナーハウス）を改装したものだ。その点、ザ・マナーハウスは、正真正銘のマナーハウスホテルといえる。43万坪という広大な敷地に立つホテルは、14世紀から何度か建て直された、歴代の領主が住んでいた館だ。

　ホテルに隣接するカッスル・クーム村は、石造りの古い民家が軒を連ねる。ノスタルジックな風景で全国的に有名だが、毛織物産業が盛んだった近世に、従事する労働者の粗末な工房兼住居として、マナーハウスの領主が造ったものだ。村を歩いているだけではわからないが、通りからホテルの敷地を奥に進んで行くと、広々とした空間が開け、村がいかに小規模か気づかされる。ホテルも訪れて、アフタヌーンティーを楽しみ、イタリア式庭園を散策してみるとおもしろいだろう。

トラディショナル・アフタヌーンティー（£32.50）。スコーンはプレーンとチーズ。ジャムとクロテッドクリームのほかに、チーズスコーンに合う、スパイスのきいたディジョン・マスタード・バターも付く。毎日13時から17時30分まで。要予約。

アフタヌーンティーの生菓子。右上から時計回りに、ラズベリーシュー、ストロベリータルト、コーヒージンジャーケーキ、レモンココナッツムース。内容は季節によって変わる。

上／館の隣にあるイタリア式庭園。斜面を利用したもので一見の価値がある。
左／イタリア式庭園の奥にある菜園。村の教会を望むことができる。

宿泊料金は 1 室 £215 から。写真はメインハウスにあるローズミーア・スイート（£380 ～）の客室内部。

寒い季節には暖炉が炊かれるラウンジ。左奥にバー、右側にフロントがある。

1 階の入口周辺にはラウンジがいくつかあり、アフタヌーンティーにも利用される。

The Manor House

住所：Castle Combe, Chippenham,
Wiltshire SN14 7HX

電話：01249 782206

https://www.exclusive.co.uk/the-manor-house/

キング・ジョーンズ・ハンティング・ロッジ
King John's Hunting Lodge

Tea room

レイコック村の中心部にありながら、広い庭でお茶を楽しめるのがこのティールームだ。かつてイベント出展で日本を訪れたことがあり、楽しかったと話してくれたのは、先代のマーガレットさん。彼女が作るスコーンは、内部がふんわりしていて、イギリスのみならず、日本でも好評だったに違いない。ナショナル・トラストが所有するこの村で、事業の認可を取り、店を始めた。社交的なマーガレットさんは、彼女自身が店のキャラクターだった。その後ろ姿を見ながら、子供の頃から菓子作りを手伝い、彼女を支えて来たのが娘のジュードさんだ。マーガレットさん亡き後、二代目として店を続けている。「母の菓子は、農家の主婦が作るような、素朴で温かみのあるものでした」と言う。受け継いだ伝統的なレシピをもとに、現代的なスタイルを取り入れていこうとしている。

上／アフタヌーンティーのキング・ジョーンズ・ロイヤル・ティー（£34）二人分。一人分は £18。紅茶は 22 種類のリーフティーから選べる。ハンティング・ロッジ・クリームティー（£7.75）もある。
左／食材には畑で収穫した野菜やエディブルフラワーを使っている。

花に満ちたイングリッシュガーデンで本格的なお茶を楽しめる。右手の垣根の向こうにも広い芝生の庭がある。

上／ティールームも丁寧に飾りつけされており、正面の棚には自家製ケーキが並ぶ。
下／通りに面した入口。門を入り奥に進むと、広い庭とティールームがある。

ラズベリージャムやマーマレードなどお土産に手頃な商品もある。おすすめはローズヒップジェリー（£4.25）。

現オーナーのジュード・ケリーさん。ビクトリアスポンジ（£4）などケーキも豊富。

マーガレットさんが考案した、店の名物レイコック・ラム（£4.25）。ラム（lumb）とはスコットランド語で煙突のこと。トーストした自家製パンに、ジンジャーかシナモン・バターが塗られている。

King John's Hunting Lodge
住所：21 Church Street, Lacock,
　　　Wiltshire SN15 2LB
電話：01249 730313
営業：10 時 30 分から 17 時。
　　　祝日以外の月曜と火曜日定休。
　　　12 月中旬から 1 月初旬まで休み。
http://www.kingjohns.co.uk/

24 ザ・コーツ・ガーデン

The Courts Garden

昼飯を食べ損ねた僕は、庭園の向かいに郵便局を兼ねた商店を見つけ、ショートブレッドを買って鞄に入れた。往来の車の切れ目を見計らって通りを渡り、民家の並びにある質素な門をくぐった。庭園といえば、静かな環境にあるもので、このように世俗的な村の中心にあるのは珍しい。

庭園があるホルトという村は、古くから毛織物産業が盛んだった。この建物と敷地も18世紀から毛織物工場として使われた。19世紀終わり頃、毛織物産業が衰退し、工場は住宅部分を残して取り壊された。

現在の庭園が造られるようになったのは、20世紀初頭。ここに住んだ医者のジョージ・ヘイスティングスが、基本的なレイアウトを築き上げた。これを引き継ぎ、現在の庭園に完成させたのが、その後ここの住人となったゴフ家のセシリエ夫人だ。

プロの造園家ではなく所有者が造り上げたという点は、20世紀の有名な庭園に共通している。そのスタイルもまた、20世紀初め頃の典型的なものだ。庭園を「柱の庭」、「日時計の庭」など、いくつもの小庭園に区切り、それぞれにテーマを持たせている。垣根を抜けるたびに新たな空間が開け、通りの喧噪はどこか遠くのものとなる。

幸いにも、庭園には雰囲気のよいティールームがあった。サンドイッチに紅茶とケーキをいただくことができ、鞄のショートブレッドをほお張ることはなかった。

「ダンシング・ベアーズ（踊るクマ）」と名付けられたトピアリー（51 ページ）。邸宅の一部は 16 ～ 17 世紀に造られたものとされる。

10 月の「キッチン・ガーデン」脇の小道。奥は邸宅で、庭園の広さは約 8400 坪ある。

庭園の北東にある「リリー・ポンド」。セシリエ夫人によって造られた、スイレンの池。

「オーチャード（果樹園）」の 10 月の様子。赤く染まるブドウの葉と、実をつけるリンゴの緑が交互になっている。

ヘイスティングが造った小建築物「テンプル」、そこに伸びる「テンプル・ボーダーズ」と呼ばれる花壇。

庭園の中央にある「サンクン・ガーデン（沈床庭園）」。村の教会を借景にしている。

邸宅に面した庭「シーダー・ローン」。邸宅の続きに、かつて煙突が立つ大きな工場があったとは想像しがたい。

ボーダーについて column

壁や通路沿いに、囲いをせずに、芝生や路面とほぼ同じ高さに設けた花壇をボーダー（境栽花壇）と呼ぶ。今日のイギリス庭園において、なくてはならないもので、どこの庭園でも見られる。なかでも、多年草を植えたボーダーは、ハーベイシャス・ボーダーと呼ばれている。球根などの多年草を植えることで、同じ季節に同じ花々を咲かせることが可能となり、植え替える手間が少なく、しかも自然に生育した花壇を造ることができる。隣り合う植物の色がお互いに引き立つように植え、さらに、記念写真で背の高い人は後ろに並ぶように、花壇全体の花がよく見えるよう、植物の高さも考慮されている。

コーツ・ガーデンのボーダー「ユー・ウォーク」。クロコスミアやヤロウなど、多年草を中心に構成されている。

ミザーデン（86ページ）の庭園にあるハーベイシャス・ボーダー。

庭園情報 The Courts Garden

https://www.nationaltrust.org.uk/the-courts-garden

開園は2月初旬から下旬までの土曜・日曜日と、2月下旬から10月下旬までの水曜日を除く毎日。時間は11時から17時30分。ホームページで確認を。ブラッドフォード・オン・エイヴォンから約4km、ローカルバスなどを利用。

ザ・ブリッジ・ティールームズ
The Bridge Tea Rooms

Tea room

斜面に積み重なるように、家と教会が建つ、ブラッドフォード・オン・エイボン。その魅力的な街の中央に架かる石橋の脇に、切妻を並べた石造りの古い建物がある。ここが、コッツウォルズ南部のティールームとして有名なザ・ブリッジ・ティールームズだ。1502年に建てられた古い建物で、軒の低い入口をくぐるようにして入ると、内部はヴィクトリア朝の雰囲気にまとめられている。2009年、イギリスの紅茶評議会から、パーフェクトに近い得点で賞を獲得した実績があり、雰囲気だけではなく、質の高いサービスとアフタヌーンティーが楽しめる。

ブリッジ・クリームティー（£9.35）はスコーン2つと紅茶。クリームティーやアフタヌーンティーは12時からの提供。

ヘーゼルナッツ・メレンゲ（£5.05）。伝統的なキャロットケーキ（£4.70）など、すべて手作りで種類は豊富。

テーブルクロスがかけられ清潔感がある。カップやソーサーはイギリスの陶磁器メーカー、ダッチェスのもの。

ヴィクトリア朝の衣装でサービス。手にしているのはアフタヌーンティー（£21～）。

The Bridge Tea Rooms

住所：24a Bridge Street, Bradford-on-Avon, Wiltshire BA15 1BY

電話：01225 865537

営業：9時30分から18時
（11月からイースターまでは～17時）

http://www.thebridgeatbradford.co.uk

25

ザ・ピートー・ガーデン・アット・アイフォード・マナー

The Peto Garden at Iford Manor

コッツウォルズ地方の庭園を見て歩くと、自然でありながら色彩豊かな花壇など、植栽による造形が目立つ。このスタイルが現代の主流だろう。イギリスの民家の庭を発展させたもので、アマチュア園芸家によるものも多い。その先駆けとなったヒドコット・マナー・ガーデン（16ページ）は、20世紀の初め頃に造られた。

　同じ頃、バースの南、清流の谷間に造られたアイフォード・マナーの庭園は、このスタイルとは異なる。建築家で庭園デザイナーだったハロルド・ピートーが、理想とする庭園を私宅に造ったものだ。彼はイギリスのみならず、フランス各地の庭園も手がけた、この道のプロだった。

　イタリア式庭園に心酔していたピートーは、ギリシャやローマを想わせる古典的な要素を、積極的に取り入れている。これは、花だけでは優れた庭園は完成せず、古い建物や優れた彫像など、過去を感じさせるものとのバランスが重要とする、ピートーの思想によるものだ。

　風景写真もそうだろう。以前、黄色い花が咲く牧草地に、馬がいる写真を撮ったことがあるが、なにか物足りなかった。もし、朽ちた荷馬車でもあれば、情緒的な写真になっただろう。ピートーの庭園は時代の主流にはならなかった。しかし、その思想は普遍的なものにちがいない。

斜面の上から見た「グレート・テラス」と呼ばれる通路の一角。芝生の傾斜を下ると邸宅がある。

花々がきれいな6月の「グレート・テラス」。列柱は地元で切り出した石材を、近郊の石工が加工した。

壁で囲まれた庭園の外側に広がるリンゴ園。収穫したリンゴは、地元の醸造家によってサイダー（リンゴ酒）に加工されている。

「グレート・テラス」の脇にある、壁に囲まれた小庭園。列柱と石畳のためだろうか、イタリアを感じさせる雰囲気にあふれている。

約 3000 坪の広さがある庭園。これを貫くように伸びる「グレート・テラス」の秋の風景。奥の小建築物は 18 世紀の「ガーデン・ハウス」。

「グレート・テラス」から、アスター越しに眺めた周辺の秋の風景。

日本にも訪れたことがあるピートーは、小さな滝や石塔が立つ日本庭園も造った。

庭園情報 **The Peto Garden at Iford Manor**

https://www.ifordmanor.co.uk/

開園は 4 月から 9 月の月曜と火曜日を除く毎日と、10 月の日曜日。時間は 11 時から 16 時。詳細はホームページで確認を。ロンドンからの鉄道があるブラッドフォード・オン・エイヴォンから約 4km。バースからローカルバスもある。

26

プライアー・パーク・ランドスケープ・ガーデン

Prior Park Landscape Garden

　いまでも海外から絵ハガキを送ることはあるが、投函しようとポストの前に立つと、手が止まる。およそ海外の郵便ポストは、信頼性が乏しく見えるからだ。通りにぽつんと置かれた傷だらけの金属箱や、石壁にはめ込まれた古めかしい投函口を見ると、入れたら最後、この先千年もそこに放置されたままになるのではないかと心配になる。

　イギリスに一般向けの郵便制度ができたのは17世紀中頃。その制度を改善し、配達の信頼性と効率を高めたのが、18世紀始めに若くしてバースの郵便局長となったラルフ・アレンだ。彼は郵便改革で財を成すと、バース近郊の石切り場を買収し、実業家として成功する。町を見下ろす高台に造ったのがプライアー・パークだ。

　庭園は18世紀中頃に造られた風景式庭園で、開けた緑の草地が、急斜面となってふもとの池に至っている。周囲には樹木の深い緑があり、林の小道を歩きながら、風景の変化を楽しめる。圧巻は池に架かる石橋だ。１７５５年に造られた、パラディアン・ブリッジと呼ばれるもので、イギリスに数カ所しかない貴重なスタイルの橋だ。

　庭園からバースの町が見渡せるので、町からも、この丘はよく見えるはずだ。バースの市長も勤めたアレンにとって、丘の上に立つ荘厳な邸宅は成功の証だが、町の人々にとっては、アイキャッチャーかフォリー（無意味な大建築）に違いない。

10月のパラディアン・ブリッジ。奥の斜面の上にあるのが邸宅で、現在は学校になっている。

パラディアン・ブリッジから眺めた、斜面の下にある池。水鳥の生息地になっており、園内ではキツネなどの小動物も見かける。

庭園の遊歩道とバースの町の眺め。庭園は約3万坪の広さがある。

庭園情報 Prior Park Landscape Garden

https://www.nationaltrust.org.uk/prior-park-landscape-garden

開園は2月から10月の毎日と、11月から1月の土・日曜日。時間は10時から17時30分（11月から1月は16時まで）。詳細はホームページで確認を。バースの中心部から約1.5km。バスはFirst Busの2番ルート（平日昼間1時間に3本運行）。

column

多くの庭園やマナーハウスを管理するナショナル・トラスト

ナショナル・トラストは、イギリスの美しい自然や貴重な歴史的建造物の保存を目的とした非営利の法人で、市民からの寄付金で運営されている。1895年に発足し、破壊される可能性がある物件を買い取ったり、寄贈を受けたりすることで保存している。

ナショナル・トラストが全土に保有する物件は、500ヵ所以上（2018年）ある。本書で紹介している庭園では、約4分の1がトラストのもので、そのほとんどが、上流階級の人々が生活していた、いわば住居だったものだ。なぜ、彼らは自宅をトラストに委ねるのか。理由のひとつに、彼らが経済的に苦しくなったことが挙げられる。原因は、20世紀に入ってから、イギリスの財政が悪化したことだ。財政難を乗り切るため、国は相続税などを上げた。マナーハウスなど広大な屋敷を所有する上流階級の人々は、多額の税金で苦しむようになった。売却されてマナーハウスホテルになるものもあれば、庭園など自宅の一部を一般公開して収入を増やすところもある。

それでも相続税が払えなければ、屋敷をナショナル・トラストに寄贈する。法律で相続税は免除され、しかも子孫もそのまま邸宅の一部に住み続けることができる。こうしてナショナル・トラストの物件は増え、我々はその貴重な遺産を見ることができるようになった。

ナショナル・トラストのメンバーになると、物件の入場料が無料になる。1年間有効で、ホームページか、現地のトラスト物件の入口で手続きできる。

有名な観光地アーリントン・ロウも、ナショナル・トラストが管理している。

庭園と合わせて訪れたい

コッツウォルズの代表的な村々

N.C. ノーザン・コッツウォルズ
S.C. サザーン・コッツウォルズ
O.C. オックスフォードシャー・コッツウォルズ

※エリアと村の位置については 6 ～ 7 ページの地図参照。

カッスル・クーム S.C.
Castle Combe

イギリスで一番美しい村に選ばれたことがある、観光地として人気の村。映画やテレビドラマの舞台として利用されることもあり、民家の屋根にテレビのアンテナはない。といっても、観光村ではなく、住民が暮らす村だ。商店はないが、パブとホテル、ザ・マナーハウス（152 ページ）がある。

ストウ・オン・ザ・ウォルド N.C.
Stow-on-the-Wold

中世から羊の取引が行われた村。いまでも活気があり、アンティークショップが多い村としても知られる。広場の周りを商店やティールームなどが入った建物が囲っている。

ウィンチカム N.C.
Winchcombe

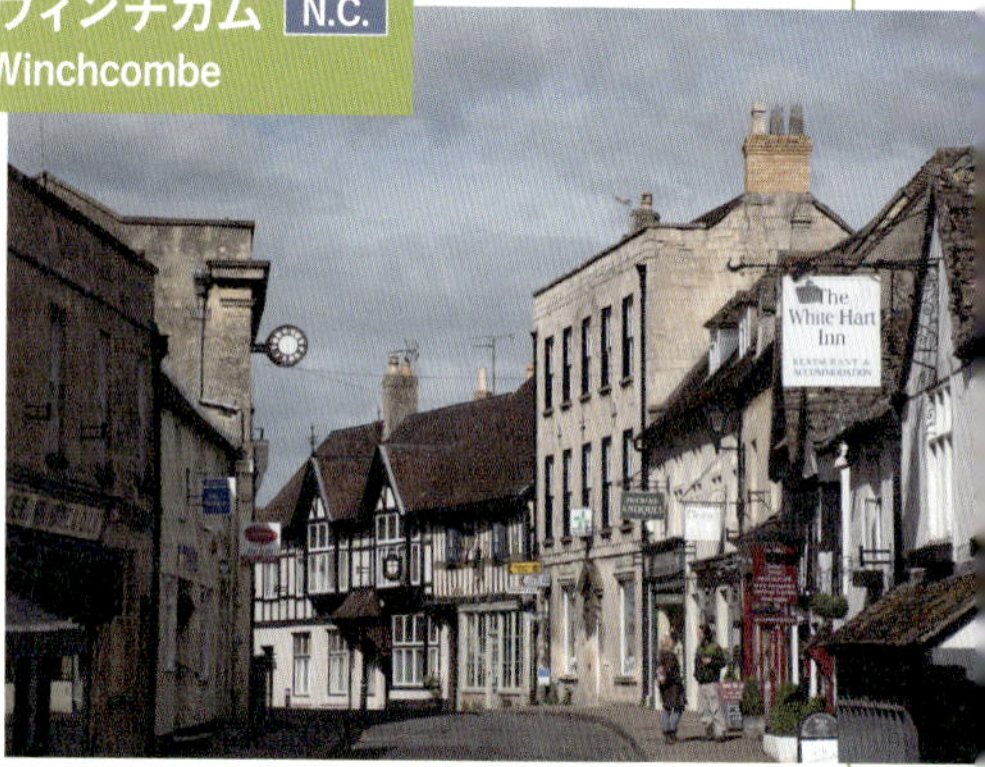

コッツウォルズの西の外れにあり、石造りだけではなく、白壁に黒塗りの柱が特徴のチューダー様式の建物も見られる。16 世紀に破壊された大きな修道院があり、かつては巡礼地としてたいへん賑わった。その名残だろう、小さい村だが商店は多く、郵便局もあり、周辺住民が買物に訪れる。スードリー城（72 ページ）が隣接する。

スタントン N.C.
Stanton

20 世紀初め頃に廃村の状態から復興され、コッツウォルズの古い村の様子をよく残している。村の奥にパブはあるが、商店はなく、住民が暮らす静かな村だ。64 ページ参照。

チッピン・カムデン N.C.
Chipping Campden

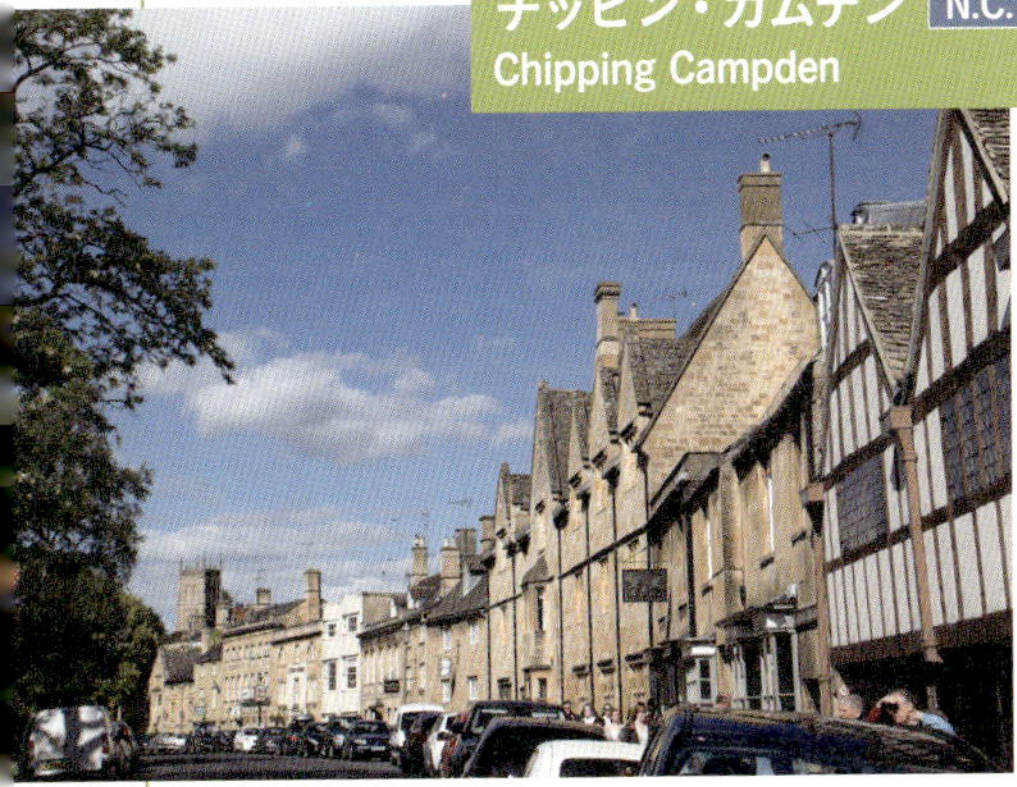

中世に羊毛産業で栄えた村。富を得た羊毛商人が再建した「羊毛教会」と呼ばれる教会があり、邸宅など石造りの古い建物が並ぶ。コッツウォルド・ハウス・ホテル（36ページ）もそのひとつ。周辺住民が買物に訪れる村で、商店が多く、郵便局もある。

バーフォード O.C.
Burford

かつてロンドンからの駅馬車が停車する村として賑わった。鉄道の時代に廃れたため、古い村並みがよく残る。通りには商店やパブ、ホテル、銀行などが軒を連ねる。ハフキンス（128ページ）もそのひとつだ。

スノーズヒル N.C.
Snowshill

ブロードウェイの南にある小村。商店はなく観光の村ではないが、スノーズヒル・マナー（58ページ）があるため、訪れる人は多い。また、スノーズヒル・ラベンダーというラベンダー畑と付属ティールームが近くにある。

テットベリー S.C.
Tetbury

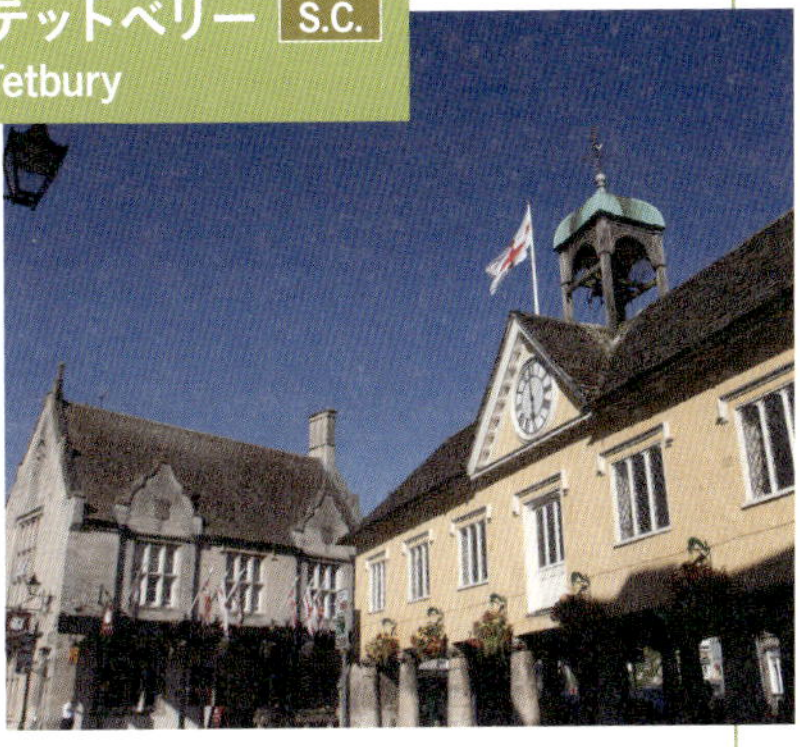

中世にマーケット・タウンとして栄え、村の中央にあるマーケット・ホールでは、いまでも農産物やアンティークなどの店が定期的に出店される。通りには店舗が並び、ザ・クローズ・ホテル（110ページ）もそのひとつ。特にアンティークショップが多いことで有名だ。

バイブリー S.C.
Bibury

かつて毛織物職人たちが使っていた石造りの長屋、アーリントン・ロウがあることで知られる小川沿いの小村。飲食ができるホテルやパブはあるが、商店や土産物店はない。隣村にバーンズリー・ハウス（80ページ）がある。

ブロードウェイ N.C.
Broadway

村名の通り、村の中心に幅の広い通りがあり、17～18世紀頃に建てられた古い石造りの建物が並ぶ。土産物店や食料品店、ティールームなどになっており、ザ・リゴン・アームス（56ページ）やティザンズ（55ページ）もある。

ブラッドフォード・オン・エイヴォン S.C.
Bradford-on-Avon

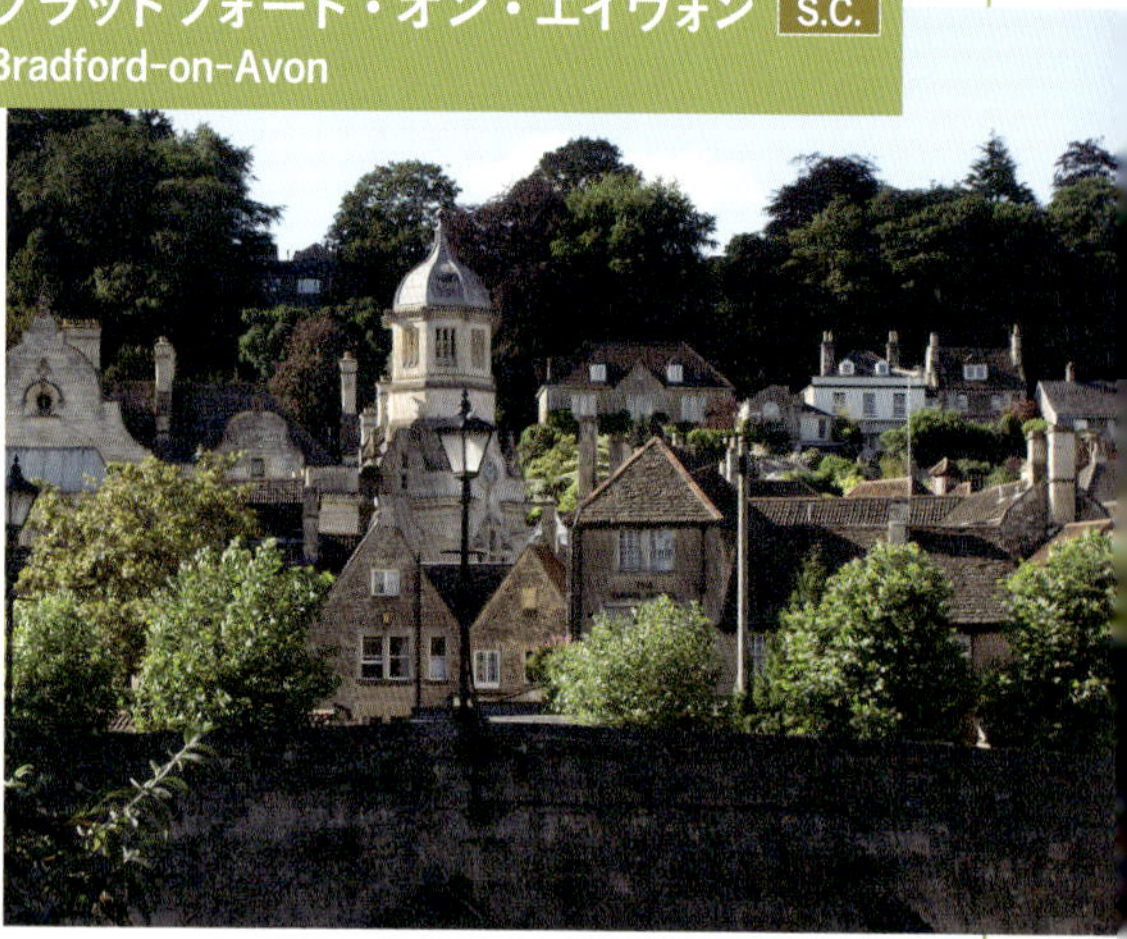

エイヴォン川を渡ることができる浅瀬（フォード）に発展した村。17世紀に改築された、村のシンボルともいえる石橋から眺める、斜面に連なる民家と教会の塔の風景が魅力だ。商店は豊富で、ザ・ブリッジ・ティールームズ（161ページ）は石橋の近くにある。

ペンズウィック S.C.
Painswick

「コッツウォルズの女王」と呼ばれる美しい村。南部特有の灰白色の石灰岩で造られた家々が、丘の急斜面に並ぶ。ホテルは2軒あるが、パブや、小さな雑貨店がある程度の、住民が暮らす村だ。近くに、ペンズウィック・ロココ・ガーデン（90ページ）がある。

ブロックリー N.C.
Blockley

近世に絹織物で栄えた村で、通りの建物も18世紀頃のもの。カフェ併設の商店が1軒ある、住民が暮らす静かな村だ。本書不掲載だがミル・ディーン・ガーデンという庭園がある。

レイコック S.C.
Lacock

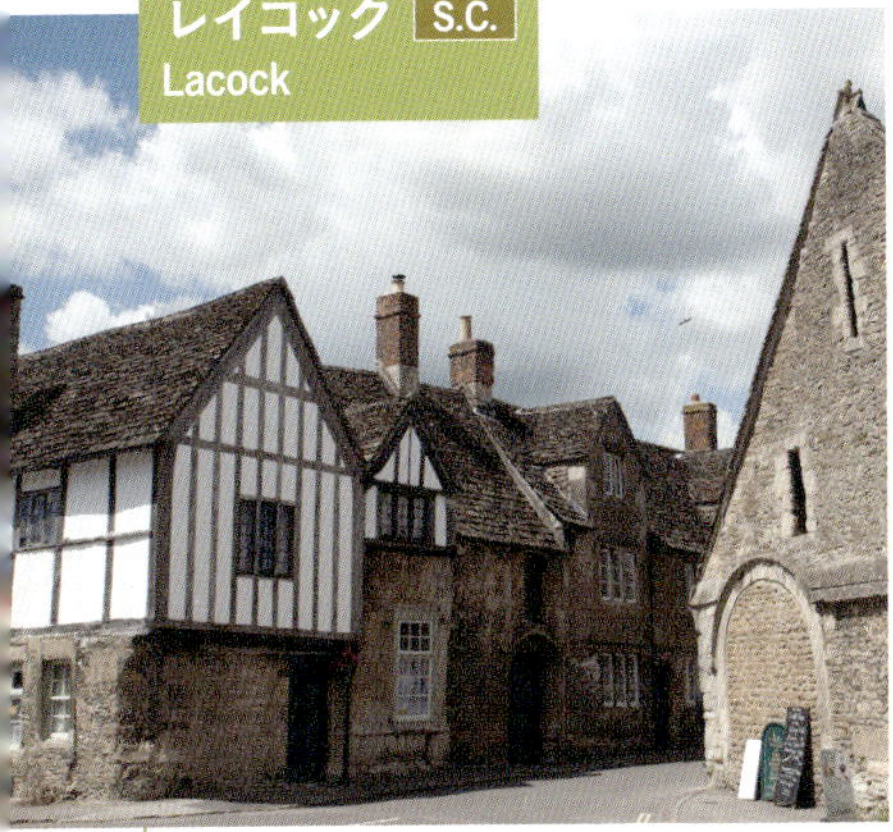

ナショナル・トラストが村ごと管理しており、古い村の雰囲気が保存されている。住民が生活しているので、雑貨店やパン屋もあり、キング・ジョーンズ・ハンティング・ロッジ（154ページ）もそのひとつ。ハリー・ポッターの映画の舞台に利用されたレイコック・アビーも隣接する。

ロワー・スローター N.C.
Lower Slaughter

幹線道路から奥に入った、住民が暮らす静かな小村。小川沿いに民家が並び、水車小屋がある風景はとても有名だ。ロワー・スローター・マナーというマナーハウスホテルがあり、さらに奥に行ったアッパー・スローター村にはローズ・オブ・ザ・マナー（76ページ）がある。

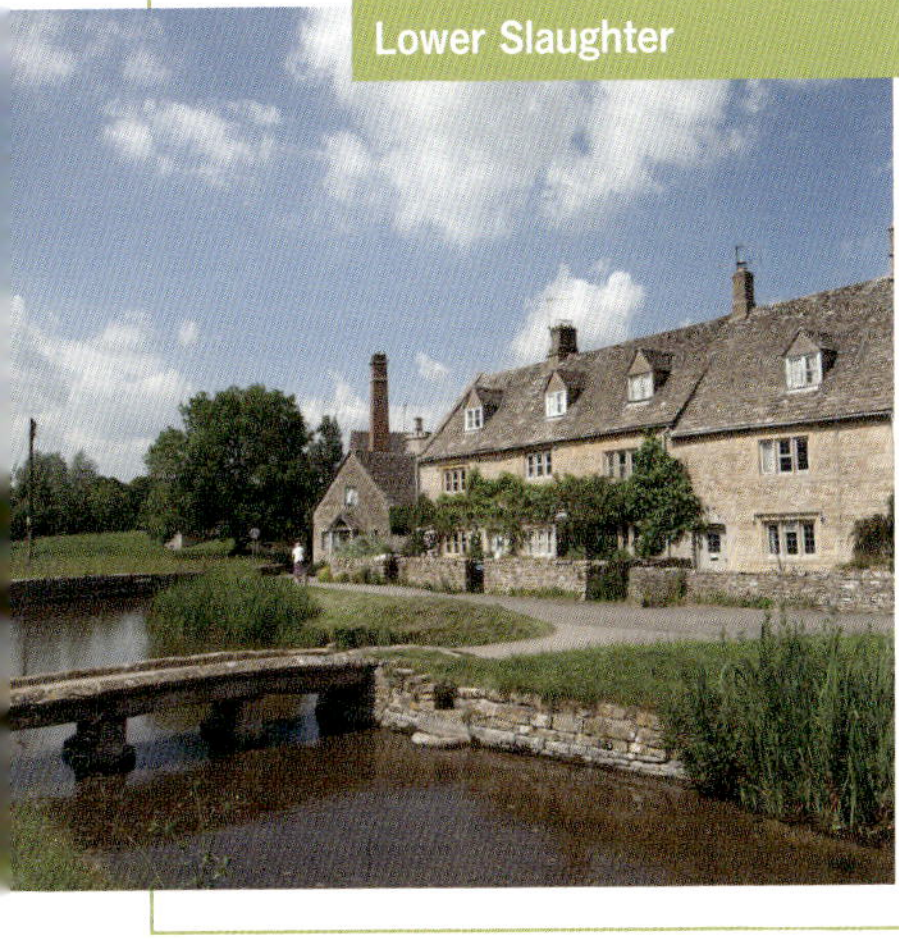

ボートン・オン・ザ・ウォーター N.C.
Bourton-on-the-Water

小さな石橋が架かる小川沿いに芝生の広場があり、訪れた人々でいつも賑わっている。土産物店やティールームなどがたくさんあり、観光で訪れる人は多い。

レッチレイド S.C.（O.C.）
Lechlade

テムズ川沿いにあり、古代から舟運の拠点として栄えた村。地域住民が買物などをするのに利用する村で、商店や飲食店は豊富。村のすぐ東側からオックスフォードシャー州になり、バスコット・パーク（130ページ）、ケルムスコット・マナー（136ページ）に近い。

コッツウォルズを観光するための

交通のヒント

村の停留所に停まるローカルバス。

Information

- コーチ［National Express］
  https://www.nationalexpress.com/
- 鉄道［GWR］
  https://www.gwr.com/
- ローカルバス
  ［Johnsons］ http://www.johnsonscoaches.co.uk/
  ［Pulhams］ https://www.pulhamscoaches.com
  ［Marchants］ http://www.marchants-coaches.com/

ロンドンから行くには

ロンドンからコッツウォルズには、鉄道かコーチと呼ばれる長距離バスを利用する。コッツウォルズ方面の鉄道は、パディントン駅を発着する。ヒースロー空港からはコーチが便利だ。ナショナル・エクスプレスが代表的で、ホームページから事前予約ができる。グロスター行きに乗り、空港を出発するとサイレンセスターまでノンストップ、2時間半程でチェルトナムの町の中心に止まる。空港からレンタカーを利用するなら、空港に隣接する高速道路（M4）を西に向い2時間程で着く。

地域を周遊するには

チェルトナムとバースは大きな町で、ローカルバスやタクシーなども充実しており、観光の起点となる。モートン・イン・マーシュやサイレンセスターも、ローカルバスを利用するのに便利だ。庭園は村から離れたところが多く、レンタカーを使うのが理想的だ。日本と同じ左側通行なので、ラウンドアバウトという交差点の方式さえ覚えてしまえば難しくはない。ローカルバスの利用なら、事前にインターネットで時刻表を入手できるので、旅程を組みやすい。タクシーを利用するなら、ホテルやツーリストインフォメーションで相談してみてもよいだろう。

おもな参考文献

『THE COTSWOLDS A Cultural History』Jane Bingham（Signal Books）

『THE COTSWOLDS' FINEST GARDENS』Tony Russell（Amberley Publishing Plc）

『HOW TO READ GARDENS』Lorraine Harrison（Bloomsbury Publishing Plc）

『THE COTSWOLDS』Anthea Jones（PHILLIMORE & CO.LTD.）

『THE COTSWOLDS』Robin Whiteman & Rob Talbot（WEIDENFELD & NICOLSON）

『THE COTSWOLDS』Peter and Helen Titchmarsh（Ordnance Survey & Jarrold Publishing）

『THE COTSWOLDS』Christopher Knowles（AA Publishing）

『CAPABILITY BROWN』Peter Brimacombe（Pitkin Unichrome Ltd）

『英国式庭園』中尾真理（講談社）

『イギリス庭園散策』赤川裕（岩波書店）

『プラントハンター』白幡洋三郎（講談社）

『茶の世界史』角山栄（中央公論新社）

『英国ティーカップの歴史』Cha Tea 紅茶教室（河出書房新社）

『産業革命と民衆』角山栄・村岡健次・川北稔（河出書房新社）

『イギリス』今井宏（山川出版社）

『イギリス貴族』小林章夫（講談社）

『ガーデニングとイギリス人』飯田操（大修館書店）

『英国庭園を読む』安藤聡（彩流社）

『物が語る世界の歴史』綿引弘（聖文社）

『ヨーロッパものしり紀行 建築・美術工芸編』紅山雪夫（新潮社）

『ユートピアだより』ウィリアム・モリス／川端康雄訳（岩波書店）

『花と木の名前 1200 がよくわかる図鑑』阿武恒夫監修（主婦と生活社）

Acknowledgements

I would like to thank Mr Chris Dee for his invaluable assistance and vital information. Also, thanks to Ms Alison Whiston for her precious help in every occasion. Moreover, special thanks go to Mr Albert Higgins for his good hospitality during these 30 years. Finally, I would like to thank all the garden owners and gardeners to maintain their gardens beautiful, then generously open them and allow us to visit inside.

著者プロフィール

写真・文 **小林写函**（こばやし・しゃばこ）

写真家。1964年静岡県富士市生まれ。1987年北海道大学工学部卒業。大手機械メーカー退社後、ロンドンバーキングカレッジ写真科に学ぶ（City & Guilds取得）。帰国後にフリーランスとして活動。写真展「コッツウォルズ」（2006年コダックフォトサロン）、「Hue of the Air」（2010年オリンパスギャラリー東京）開催。著書に『イングランドで一番美しい場所 コッツウォルズ』（ダイヤモンド社）。

カバー・本文デザイン／川原朗子
イラスト／原田マサミ
編集協力／Chris Dee　橋口淑子
編集／宮脇灯子

本書は『農耕と園藝』（誠文堂新光社）にて、2016年5月号〜2019年2月号まで掲載された「コッツウォルズの庭園を巡る」に加筆・修正したものです。

庭園《ていえん》と紅茶《こうちゃ》とマナーハウスを楽《たの》しむ
コッツウォルズ　イングリッシュガーデンとティールーム

2019年4月10日　発　行　　　NDC293

著　者　小《こ》林《ばやし》写《しゃ》函《ばこ》
発行者　小川雄一
発行所　株式会社 誠文堂新光社
〒113-0033　東京都文京区本郷3-3-11
（編集）TEL.03-5800-3625
（販売）TEL.03-5800-5780
URL http://www.seibundo-shinkosha.net
印　刷　株式会社 大熊整美堂
製　本　和光堂 株式会社

ISBN978-4-416-51928-8